ZÁKLADNÍ PRŮVODCE POHODLNÝM ASIJSKÝM POTRAVINÁM

100 duší uspokojujících chutí ze srdce asijské komfortní kuchyně

Olga Hrbáčková

Materiál chráněný autorským právem ©2023

Všechna práva vyhrazena

Žádná část této knihy nesmí být použita nebo přenášena v jakékoli formě nebo jakýmikoli prostředky bez řádného písemného souhlasu vydavatele a vlastníka autorských práv, s výjimkou krátkých citací použitých v recenzi. Tato kniha by neměla být považována za náhradu lékařských, právních nebo jiných odborných rad.

OBSAH

OBSAH 3
ÚVOD 6
KOREJSKÉ KOMFORTNÍ JÍDLO 7
   1. Hotteok se zeleninou a nudlemi 8
   2. Vaječný chléb 11
   3. Horký a pikantní rýžový dort 13
   4. Korejsko-americké palačinky z mořských plodů 15
   5. Veganský sendvič Bulgolgi 18
   6. Korejská slanina a vaječný dort 20
   7. Korejská kari rýže 22
   8. Zebra vejce roll 24
   9. Ořechové dorty z korejského sporáku 26
   10. Pouliční toastový sendvič 28
   11. Smažená zelenina 30
TAIWANÉSKÉ KOMFORTNÍ JÍDLO 33
   12. Tchajwanská rybí tempura 34
   13. Rybí koule Tamsui 36
   14. Páchnoucí tofu 38
   15. Tchajwanské masové kuličky 40
   16. Tchajwanské popcornové houby 43
   17. Tchajwanské kuře s popcornem 45
   18. Taro koule 47
   19. Smažené houby 49
   20. Grilovaná chobotnice 51
   21. Tchajwanské mleté vepřové maso a nakládané okurky ... 53
   22. Tchajwanská dušená vepřová rýže 55
   23. Kuřecí guláš na tchajwanském sezamovém oleji 57
   24. Tchajwanské knedlíky 59
   25. Kuře na tři šálky tchajwanského typu 61
   26. Tchajwanské vepřové kotlety 63
   27. Na plameni grilované hovězí kostky 65
   28. Tchajwanská dušená vepřová rýžová mísa 67
   29. Tchajwanská klobása s lepkavou rýží 69
   30. Vepřové jerky na tchajwanský způsob 71
   31. Tchajwanská rolovaná rýže 73
JAPONSKÉ KOMFORTNÍ JÍDLO 76
   32. Tofu v omáčce z černého pepře 77
   33. Agedashi Tofu 79
   34. Sezamová rýže shiso 81
   35. Japonský bramborový salát 83
   36. Natto 85

37. Nasu Dengaku 87
38. Pánev na nudle Ramen se steakem 89
39. Sýrový Ramen Carbonara 91
40. Čtyři přísady ramen 93
41. Ramen lasagne 95
42. Horká vepřová kotleta Ramen 97
43. Miso Vepřové maso a Ramen 99
44. Pečené kuře Katsu 101
45. Hayashi mleté hovězí kari 103
46. Kuřecí Teriyaki 105
47. Japonská miska na lososa 107
48. Kuře v hrnci/Mizutaki 109
49. Japonský zázvor mořský okoun 111
50. Japonské luxusní teriyaki 113

INDICKÉ KOMFORTNÍ JÍDLO 115

51. miska s rýží Tikka 116
52. Mísa na kari hnědé rýže 118
53. Sýrová rýžová mísa 120
54. skopové kari rýžová mísa 122
55. Indická krémová kari mísa 124
56. Indická miska s citronovou rýží 126
57. mísa s indickým květákem 128
58. Indická grilovaná čočková mísa 130

ČÍNSKÉ KOMFORTNÍ JÍDLO 132

59. Čínská kuřecí smažená rýže 133
60. Pikantní mísa na zeleninu 136
61. Čínská mletá krůtí mísa 138
62. Mleté hovězí rýže mísy 140
63. Miska křupavé rýže 142
64. Miska slané lepkavé rýže 144
65. Hoisin hovězí mísa 146
66. Vepřová a zázvorová rýžová mísa 148
67. Veganská Poke Bowl se sezamovou omáčkou 150
68. Chilli kuřecí rýžová mísa 152
69. Mísa Buddhy na tofu 154
70. Dan Rice Bowl 156
71. Mletá kuřecí rýžová mísa 158
72. Miska s citronovými nudlemi 160
73. Kuřecí rýžová mísa s česnekem a sojou 162

VIETNAMSKÉ KOMFORTNÍ JÍDLO 164

74. Mísa na rýži Banh Mi 165
75. Hovězí maso a křupavá rýže 167
76. Kuřecí mísa s rýží Sirarcha 169

77. Miska na nudle z citronové trávy 171
78. Glazovaná kuřecí rýžová mísa 173
79. Česnekové krevety Vermicelli 175
80. knedlík s nudlemi 177
81. Kuřecí rýžová mísa 179
82. Miska pikantní hovězí rýže 181
83. Karamelizovaná kuřecí mísa 183

THAJSKÉ KOMFORTNÍ JÍDLO 185

84. Thajské Arašídy Kokos Květák Cizrna kari 186
85. Smažené cukety a vejce 188
86. Veggie Pad Thai 190
87. Šťouchané brambory s Chile v thajském stylu 192
88. Spaghetti Squash Pad Thai 194
89. Dušené knedlíky s houbami Shiitake 197
90. Thajské tofu satay 200
91. Thajské restované nudle se zeleninou 203
92. Thajské rýžové nudle s bazalkou 206
93. Ananasová smažená rýže 208
94. Thajská kokosová rýže 210
95. Thajská žlutá rýže 212
96. Smažený lilek 214
97. Thajská restovaná zelenina 217
98. Thajský restovaný špenát s česnekem a arašídy 219
99. Thajské sójové boby v kapustových pohárech 221
100. Thajské pečené sladké brambory a Ube 223

ZÁVĚR 225

ÚVOD

Vítejte v "ZÁKLADNÍ PRŮVODCE POHODLNÝM ASIJSKÝM POTRAVINÁM", váš pas do 100 duše uspokojujících chutí ze srdce asijské komfortní kuchyně. Tento průvodce je oslavou bohatých, uklidňujících a rozmanitých kulinářských tradic, které definují komfortní jídla Asie. Vydejte se s námi na cestu, která přesahuje známé, a zve vás k prozkoumání vřelosti, nostalgie a radosti, které s sebou přináší každé jídlo.

Představte si kuchyni plnou svůdných vůní vařících se vývarů, voňavého koření a syčení uklidňujících smažených hranolků. "ZÁKLADNÍ PRŮVODCE POHODLNÝM ASIJSKÝM POTRAVINÁM" je více než jen sbírka receptů; je to zkoumání ingrediencí, technik a kulturních vlivů, díky kterým je asijská kuchyně tak hluboce uspokojující. Ať už máte kořeny v Asii, nebo prostě oceňujete chutě asijské kuchyně, tyto recepty jsou vytvořeny tak, aby vás inspirovaly, abyste znovu vytvořili hřejivé chutě, které přinášejí útěchu na duši.

Od klasických nudlových polévek až po oduševnělá rýžová jídla a sladké pochoutky, každý recept je oslavou uklidňujících chutí a kulinářských technik, které definují asijské komfortní jídlo. Ať už hledáte útěchu v misce pho, vyžíváte se v jednoduchosti congee nebo si vychutnáváte sladkost dezertů inspirovaných Asií, tento průvodce je vaším hlavním zdrojem, jak zažít celé spektrum asijské komfortní kuchyně.

Připojte se k nám, když se ponoříme do srdce asijského komfortního jídla, kde každý výtvor je svědectvím vřelosti a nostalgie, kterou tyto chutě uspokojující duši přinášejí na stůl. Takže si nasaďte zástěru, přijměte uklidňující vůně a vydejte se na cestu plnou chutí prostřednictvím "Příručky základního asijského komfortního jídla."

KOREJSKÉ KOMFORTNÍ JÍDLO

1.Hotteok se zeleninou a nudlemi

SLOŽENÍ:
NA TĚSTO
- 2 lžičky suchého droždí
- 1 šálek teplé vody
- ½ lžičky soli
- 2 hrnky univerzální mouky
- 2 lžíce cukru
- 1 lžíce rostlinného oleje

PRO NÁPLŇ
- 1 lžíce cukru
- 3 unce sladkých bramborových škrobových nudlí
- ¼ lžičky mletého černého pepře
- 2 lžíce sójové omáčky
- Asijská pažitka 3 unce, nakrájená na drobno
- 1 střední cibule, nakrájená na malé kostičky
- 1 lžička sezamového oleje
- 3 unce mrkve, nakrájené na malé kostičky
- Olej na vaření

INSTRUKCE:
a) Na těsto smíchejte v míse cukr, droždí a teplou vodu, míchejte, dokud se droždí nerozpustí, nyní vmíchejte 1 lžíci rostlinného oleje a sůl, dobře promíchejte.
b) Vmíchejte mouku a vypracujte těsto, po hladkém nechte 1 ¼ hodiny kynout, při kynutí vyklepněte vzduch, přikryjte a odložte stranou.
c) Mezitím si dejte vařit v hrnci vodu a vařte nudle, občas promíchejte, vařte 6 minut pod pokličkou.
d) Když změknou, osvěžte je pod studenou vodou a poté sceďte.
e) Nakrájejte je na ¼ palce pomocí nůžek.
f) Přidejte 1 lžíci oleje do velké pánve nebo woku a smažte nudle 1 minutu, nyní za stálého míchání přidejte cukr, sójovou omáčku a černý pepř.
g) Přidejte pažitku, mrkev a cibuli a dobře promíchejte.
h) Po dokončení stáhněte teplo.

i) Poté dejte 1 lžíci oleje do jiné pánve a zahřejte, jakmile se zahřeje, snižte teplotu na střední.
j) Namažte si ruce olejem, odeberte ½ hrnku těsta a vytlačte do plochého kulatého tvaru.
k) Nyní přidejte trochu náplně a složte okraje do koule, okraje utěsněte.
l) Umístěte do pánve uzavřeným koncem dolů, vařte 30 sekund, poté otočte a stlačte dolů, aby se stal asi 4 palce kulatým, proveďte to stěrkou.
m) Vařte další 2-3 minuty, dokud nebude křupavá a po celém povrchu zlatavá.
n) Položte na kuchyňský papír, abyste odstranili přebytečný tuk, a opakujte se zbytkem těsta.
o) Podávejte horké.

2.Vaječný chléb

SLOŽENÍ:
- 3 lžíce cukru
- 1 lžička prášku do pečiva
- 1 lžíce nesoleného másla, rozpuštěného
- ½ šálku univerzální mouky
- Špetka soli
- ½ lžičky vanilkového extraktu
- 4 vejce
- 1 tyčinka mozzarella, nakrájená na 6 kousků
- ½ šálku mléka
- 1 lžička oleje na vaření

INSTRUKCE:
a) Smíchejte sůl, mouku, cukr, máslo, vanilku, 1 vejce, prášek do pečiva a mléko, šlehejte do hladka
b) Zahřejte sporák na 400°F a vymažte 3 malé formičky na bochníky olejem, formy by měly mít asi 4×2×1 ½ palce.
c) Těsto nalijte do formiček rovnoměrně, naplňte je do poloviny.
d) Umístěte 2 kusy sýra do směsi kolem vnější strany a nechte střed volný.
e) Dále do středu každé formy rozklepneme 1 vejce.
f) Pečte v troubě na středním roštu 13–15 minut, podle toho, jak máte rádi vařená vejce.
g) Vezměte připravené a podávejte horké.

3.Horký a pikantní rýžový dort

SLOŽENÍ:
- 4 šálky vody
- 6 × 8 palců sušená řasa
- 1 libra rýžový koláč ve tvaru válce
- 7 velkých ančoviček, očištěných
- ⅓ šálek korejsko-americké pálivé paprikové pasty
- 3 jarní cibulky, nakrájené na 3 palce
- 1 lžíce cukru
- ½ libry rybí koláče
- 1 lžíce vloček feferonky
- 2 vejce natvrdo

INSTRUKCE:
a) Řasu a ančovičky dejte do mělké pánve s vodou a zahřejte, vařte 15 minut bez pokličky.
b) Pomocí malé misky smíchejte vločky pepře a pastu s cukrem.
c) Vyjměte řasu a ančovičky z pánve a vložte do nich rýžový koláč, pepřovou směs, jarní cibulku, vejce a rybí koláčky.
d) Vývar by měl být asi 2 ½ šálků.
e) Jakmile se začne vařit, jemně promíchejte a nechte 14 minut zhoustnout, nyní by měl být lesklý.
f) Pokud rýžový koláč není měkký, přidejte trochu vody a vařte ještě chvíli.
g) Jakmile budete připraveni, vypněte teplo a podávejte.

4.Korejsko-americké palačinky z mořských plodů

SLOŽENÍ:
NA palačinky
- 2 střední vejce
- 2 šálky palačinkové směsi, korejsko-americká
- ½ lžičky soli
- 1 ½ šálku vody
- 2 unce škeblí
- 12 středních kořenů jarní cibulky, řezané
- 2 unce chobotnice
- ¾ šálku rostlinného oleje
- 2 uncové krevety, očištěné a zbavené
- 4 středně velké chilli papričky, nakrájené pod úhlem

NA OMÁČKU
- 1 lžíce octa
- 1 lžíce sójové omáčky
- 4 středně velké chilli papričky, nakrájené pod úhlem
- ¼ lžičky česneku
- 1 lžíce vody

INSTRUKCE:

a) Přidejte trochu soli do misky s vodou a mořské plody omyjte a sceďte, položte je stranou.
b) Poté smíchejte dohromady pomocí samostatné misky, vodu, červené a zelené chilli, sójovou omáčku, česnek a ocet odložte stranou.
c) V jiné míse vyšlehejte vejce, palačinkovou směs, studenou vodu a sůl do krémově hladkého.
d) Dáme na pánev mírně tukem a rozehřejeme.
e) Použijte odměrku ½ šálku a nalijte směs do horké pánve.
f) Krouživým pohybem vyrovnejte směs, nyní navrch položte 6 kousků jarní cibulky, přidejte chilli a mořské plody.
g) Jídlo do palačinky mírně zatlačte a poté přidejte další ½ šálku směsi.
h) Vařte, dokud základ nezezlátne, asi 5 minut.
i) Nyní palačinku opatrně otočte, na okraj přidejte trochu oleje a pečte dalších 5 minut.
j) Po dokončení otočte zpět a vyjměte z pánve.
k) To samé udělejte se zbývajícím těstem.

5.Veganský sendvič Bulgolgi

SLOŽENÍ:
- ½ střední cibule, nakrájená na plátky
- 4 malé housky na hamburgery
- 4 listy červeného salátu
- 2 šálky sójových kudrlinek
- 4 plátky veganského sýra
- Bio majonéza

NA MARINÁDU
- 1 lžíce sezamového oleje
- 2 lžíce sójové omáčky
- 1 lžička sezamových semínek
- 2 lžíce agáve nebo cukru
- ½ lžičky mletého černého pepře
- 2 jarní cibulky, nakrájené
- ½ asijské hrušky, nakrájené na kostičky, pokud je to žádoucí
- ½ lžíce bílého vína
- 1-2 zelené korejsko-americké chilli papričky, nakrájené na kostičky
- 2 stroužky česneku, rozdrcené

INSTRUKCE:
a) Připravte sójové kadeře podle pokynů na obalu.
b) Dále položte celé ingredience na marinádu společně ve velké misce a smícháním vytvořte omáčku.
c) Odstraňte vodu ze sójových kadeří jemným vymačkáním.
d) Kudrlinky s nakrájenou cibulí přidejte do marinádové směsi a celé potřete.
e) Na rozpálenou pánev přidejte 1 lžíci oleje, poté přidejte celou směs a opékejte 5 minut, dokud cibule a kadeřávek nezlátnou a omáčka nezhoustne.
f) Mezitím si na chlebu opečte hamburgerové housky se sýrem.
g) Potřete majonézou, poté kudrlinkou a na závěr dejte salátový list.

6. Korejská slanina a vaječný dort

SLOŽENÍ:
NA CHLÉB
- ½ šálku mléka
- ¾ šálku samokypřící mouky nebo vícenásobné mouky s ¼ lžičky prášku do pečiva
- 4 lžičky cukru
- 1 vejce
- 1 lžička másla nebo olivového oleje
- ¼ lžičky soli
- ¼ lžičky vanilkové esence

PRO NÁPLŇ
- 1 plátek slaniny
- Sůl podle chuti
- 6 vajec

INSTRUKCE:
a) Zahřejte sporák na 375°F.
b) Smíchejte dohromady pomocí mísy, ¼ lžičky soli, mouky a 4 lžiček cukru.
c) Do směsi rozklepněte vejce a dobře promíchejte.
d) Pomalu přilévejte mléko, po malých množstvích, dokud nezhoustne.
e) Formu na pečení vystříkejte tukem, poté na ni umístěte mouku a vytvarujte z ní 6 oválků nebo můžete použít dortové papírové košíčky.
f) Pokud tvarujete, udělejte do každé malé prohlubně a do každé dírky nebo na vršek každého dortového košíčku rozklepněte vajíčko.
g) Nakrájejte slaninu a posypte každou, pokud máte po ruce petrželku, přidejte také trochu.
h) Vařte 12-15 minut.
i) Vyjměte a užívejte si.

7.Korejská kari rýže

SLOŽENÍ:
- 1 střední mrkev, oloupaná a nakrájená na kostičky
- 7 uncí hovězího masa, nakrájeného na kostičky
- 2 cibule, nakrájené
- 2 brambory, oloupané a nakrájené na kostičky
- ½ lžičky česnekového prášku
- Koření podle chuti
- 1 střední cuketa, nakrájená na kostičky
- Rostlinný olej na vaření
- Směs 4 uncí kari omáčky

INSTRUKCE:
a) Do woku nebo hluboké pánve dejte trochu oleje a zahřejte.
b) Hovězí maso okořeníme a nalijeme olej, zamícháme a 2 minuty opékáme.
c) Poté přidejte cibuli, brambory, česnekový prášek a mrkev, opékejte dalších 5 minut a poté přidejte cuketu.
d) Zalijte 3 hrnky vody a zahřívejte, dokud se nezačne vařit.
e) Snižte teplotu a vařte na nízké úrovni po dobu 15 minut.
f) Pomalu přidávejte kari směs, dokud nezhoustne.
g) Nalijte rýži a vychutnejte si.

8.Zebra vejce roll

SLOŽENÍ:
- ¼ lžičky soli
- 3 vejce
- Olej na vaření
- 1 lžíce mléka
- 1 list mořské řasy

INSTRUKCE:
a) Rozbijte plát mořských řas na kousky.
b) Nyní rozbijte vejce do mísy a přidejte sůl s mlékem, prošlehejte.
c) Na sporák postavte pánev a rozpalte ji s trochou oleje, je lepší, když máte nepřilnavou pánev.
d) Nalijte tolik vajec, aby pokrylo dno pánve, a poté poprašte mořskou řasou.
e) Jakmile je vejce napůl uvařené, srolujte ho a přitlačte ke straně pánve.
f) V případě potřeby znovu namažte a upravte teplotu, pokud je příliš horká, položte další tenkou vrstvu vajec a znovu poprašte semínky, nyní přetočte první přes to vaření a položte na druhou stranu pánve.
g) Toto opakujte, dokud nebude vajíčko hotové.
h) Vyklopte na prkénko a nakrájejte.

9.Ořechové dorty z korejského sporáku

SLOŽENÍ:
- 1 plechovka červených fazolí azuki
- 1 šálek směsi na palačinky nebo vafle
- 1 lžička vanilkového extraktu
- 1 lžíce cukru
- 1 balení vlašských ořechů

INSTRUKCE:
a) Připravte směs na palačinky podle návodu na obalu s cukrem navíc.
b) Jakmile je směs hotová, vložte ji do nádoby s výlevkou.
c) Pomocí 2 formiček na dortíky, pokud nemáte, můžete použít formy na muffiny, zahřejte na sporáku na nízký stupeň, připálí se na vysokou.
d) Přidejte směs do první formy, ale plňte pouze do poloviny.
e) Na každé místo rychle přidejte 1 vlašský ořech a 1 lžičku červených fazolí a zbytek směsi do druhé formy.
f) Poté otočte první formu přes horní část druhé, vyrovnejte formy, vařte dalších 30 sekund, jakmile je druhá forma uvařená, stáhněte oheň.
g) Nyní sejměte horní formu a poté koláčky vyjměte na servírovací talíř.

10. Pouliční toastový sendvič

SLOŽENÍ:
- ⅔ hrnek zelí nakrájený na tenké proužky
- 4 plátky bílého chleba
- 1 lžíce slaného másla
- ⅛ šálku mrkve, nakrájené na tenké proužky
- 2 vejce
- ¼ lžičky cukru
- ½ šálku okurky, nakrájené na tenké plátky
- Kečup podle chuti
- 1 lžíce oleje na vaření
- Majonéza podle chuti
- ⅛ lžičky soli

INSTRUKCE:
a) Ve velké míse rozklepněte vejce se solí, poté přidejte mrkev a zelí a promíchejte.
b) Vložte olej do hluboké pánve a zahřejte.
c) Přidejte polovinu směsi na pánev a vytvořte 2 bochníkové tvary, držte je oddělené.
d) Nyní přidejte zbývající vaječnou směs na horní část 2 v pánvi, to dá dobrý tvar.
e) Vařte 2 minuty, poté obraťte a vařte další 2 minuty.
f) Polovinu másla rozpusťte v samostatné pánvi, po zahřátí vložte dva krajíce chleba a otočte, aby se máslo z obou stran vstřebalo, vařte, dokud nebude z obou stran zlatavé, asi 3 minuty.
g) Opakujte s dalšími 2 plátky.
h) Po upečení položte na servírovací talíře a na každý přidejte ½ cukru.
i) Vezměte směs smažených vajec a položte na chléb.
j) Přidejte okurku a položte kečup a majonézu.
k) Navrch položte druhý krajíc chleba a rozkrojte na dvě části.

11. Smažená zelenina

SLOŽENÍ:
- 1 čerstvá červená chilli papričká, rozpůlená shora dolů
- 1 velká mrkev oloupaná a nakrájená na ⅛ tyčinky
- 2 svazky enoki houby, oddělené
- 1 cuketa, nakrájená na ⅛ tyčinky
- 4 jarní cibulky, nakrájené na 2 palce
- 6 stroužků česneku, nakrájených na tenké plátky
- 1 střední sladký brambor, nakrájený na tyčinky
- 1 střední brambor, nakrájený na tyčinky
- Rostlinný olej na smažení

PRO TĚSTO
- ¼ šálku kukuřičného škrobu
- 1 hrnek univerzální mouky
- 1 vejce
- ¼ šálku rýžové mouky
- 1 ½ šálku ledově studené vody
- ½ lžičky soli

NA OMÁČKU
- 1 stroužek česneku
- ½ šálku sójové omáčky
- 1 jarní cibulka
- ½ lžičky rýžového octa
- ¼ lžičky sezamového oleje
- 1 lžička hnědého cukru

INSTRUKCE:
a) Postavte hrnec s vodou k varu.
b) Vložte mrkev a oba druhy brambor do vody, stáhněte plamen a nechte 4 minuty, poté vyjměte z vody, opláchněte, sceďte a osušte kuchyňským papírem.
c) Cibuli, cuketu, česnek a červenou papriku smíchejte do mísy a dobře promíchejte.
d) Na směs těsta všechny suché ingredience .
e) Nyní vyšlehejte vodu a vejce dohromady, poté přidejte k suchým ingrediencím a dobře promíchejte do těsta.

f) Dále připravte omáčku tak, že ušleháte cukr, ocet, sojový a sezamový olej.
g) Cibuli a česnek nakrájejte najemno a poté vmíchejte do sójové směsi.
h) Přidejte dostatek oleje do woku nebo hluboké pánve, olej by měl být asi 3 palce hluboký.
i) Jakmile je olej rozpálený, protáhněte zeleninu těstem, nechte odkapat přebytek a smažte 4 minuty.
j) Hotové sceďte a osušte na kuchyňském papíře.
k) Podávejte s omáčkou.

TAIWANÉSKÉ KOMFORTNÍ JÍDLO

12. Tchajwanská rybí tempura

SLOŽENÍ:
- 1 libra filé z bílé ryby, nakrájená na kousky velikosti sousta
- 1 hrnek univerzální mouky
- ¼ šálku kukuřičného škrobu
- ½ lžičky prášku do pečiva
- 1 lžička soli
- 1 hrnek ledově studené vody
- Rostlinný olej na smažení
- Měsíčky citronu (k podávání)

INSTRUKCE:
a) V míse smíchejte univerzální mouku, kukuřičný škrob, prášek do pečiva a sůl.
b) K moučné směsi postupně přidávejte ledovou vodu a šlehejte, dokud není těsto hladké a bez hrudek.
c) Zahřejte rostlinný olej ve fritéze nebo velkém hrnci na asi 350 °F (175 °C).
d) Kousky ryby ponořte do těsta a ujistěte se, že jsou dobře obalené.
e) Do rozpáleného oleje opatrně vložíme rybu v těstíčku a smažíme do zlatova a dokřupava.
f) Rybu vyjmeme z oleje a necháme okapat na papírové utěrce.
g) Podávejte tchajwanskou rybí tempuru horkou, doplněnou o měsíčky citronu na vymačkání ryby.

13.Rybí koule Tamsui

SLOŽENÍ:
- 1 libra filé z bílé ryby (jako je treska nebo jazyk mořské)
- ¼ šálku tapiokového škrobu nebo kukuřičného škrobu
- 2 lžíce rybí pasty
- 1 lžíce mletého česneku
- 1 lžíce sójové omáčky
- 1 lžička sezamového oleje
- ½ lžičky bílého pepře
- ¼ lžičky soli
- 4 šálky kuřecího vývaru nebo vody

INSTRUKCE:
a) V kuchyňském robotu pulsujte rybí filé, dokud nejsou jemně nasekané.
b) V míse smíchejte mletou rybu, tapiokový škrob nebo kukuřičný škrob, rybí pastu, mletý česnek, sójovou omáčku, sezamový olej, bílý pepř a sůl. Dobře promíchejte, aby vznikla hladká směs.
c) Namočte si ruce vodou a z rybí směsi tvarujte malé kuličky.
d) V hrnci přiveďte k varu kuřecí vývar nebo vodu.
e) Rybí kuličky vhoďte do vroucího vývaru a vařte, dokud nevyplavou na povrch, což znamená, že jsou propečené.
f) Vyjměte rybí kuličky z vývaru děrovanou lžící a podávejte je v misce s vámi preferovanou omáčkou.

14. Páchnoucí tofu

SLOŽENÍ:
- 1 blok pevného tofu
- 2 lžíce čínských fermentovaných černých fazolí
- 2 stroužky česneku, mleté
- 1 lžíce sójové omáčky
- 1 lžíce rýžového octa
- 1 lžíce chilli omáčky (volitelně)
- Rostlinný olej na smažení
- Nakládané zelí nebo kimchi (volitelné)

INSTRUKCE:
a) Tofu nakrájíme na kostičky velikosti sousta.
b) V malé misce rozmačkejte vidličkou fermentované černé fazole.
c) V hluboké pánvi nebo woku rozehřejte rostlinný olej na smažení.
d) Kostičky tofu smažíme na rozpáleném oleji, dokud nezezlátnou a zvenku nebudou křupavé. Vyjmeme a necháme okapat na plechu vyloženém papírovou utěrkou.
e) V samostatné pánvi rozehřejte trochu rostlinného oleje a orestujte mletý česnek, dokud nebude voňavý.
f) Do pánve přidejte rozmačkané fermentované černé fazole, sójovou omáčku, rýžový ocet a chilli omáčku (pokud používáte). Vařte minutu nebo dvě, aby se chutě spojily.
g) Osmažené kostky tofu dejte do servírovací misky a přelijte je omáčkou z černých fazolí.
h) Smradlavé tofu podávejte horké, případně doplněné nakládaným zelím nebo kimchi.

15. Tchajwanské masové kuličky

SLOŽENÍ:
K NÁPLNĚ:
- 1 libra mletého vepřového masa
- ½ libry krevet, oloupaných a nakrájených
- ½ šálku bambusových výhonků, jemně nasekaných
- ¼ šálku sušených hub shiitake, namočených a nakrájených nadrobno
- 2 lžíce sójové omáčky
- 2 lžíce ústřicové omáčky
- 1 lžíce cukru
- 1 lžíce kukuřičného škrobu
- 1 lžička sezamového oleje
- Sůl a pepř na dochucení

NA OBAL:
- 2 šálky lepkavé rýžové mouky
- 1 šálek vody
- ½ lžičky soli

NA OMÁČKU:
- ¼ šálku sójové omáčky
- ¼ šálku rýžového octa
- 1 lžíce cukru
- 1 lžíce kukuřičného škrobu
- ½ šálku vody

INSTRUKCE:
a) V míse smícháme všechny ingredience na náplň a dobře promícháme.
b) V samostatné misce smíchejte mouku z lepkavé rýže, vodu a sůl, abyste vytvořili těsto na obal. Hněteme do hladka.
c) Vezměte malou část těsta a zplošťte ji v dlani. Do středu dejte lžíci náplně a seberte okraje, aby se utěsnila a vytvořte kouli.
d) Postup opakujte se zbylým těstem a náplní.
e) Masové kuličky vařte v páře asi 25–30 minut, dokud nejsou propečené.
f) Zatímco se karbanátky vaří v páře, připravte si omáčku. V hrnci smíchejte sójovou omáčku, rýžový ocet, cukr, kukuřičný škrob a vodu. Dobře promíchejte a vařte na středním plameni, dokud omáčka nezhoustne.
g) Jakmile jsou masové kuličky uvařené, vyjměte je z paráku a podávejte horké s omáčkou.

16. Tchajwanské popcornové houby

SLOŽENÍ:
- 1 libra čerstvých hub, očištěných a rozpůlených
- ½ šálku univerzální mouky
- ½ šálku kukuřičného škrobu
- 1 lžička prášku do pečiva
- ½ lžičky soli
- ¼ lžičky černého pepře
- 1 šálek studené vody
- Rostlinný olej na smažení
- Sůl na posypání (volitelné)

INSTRUKCE:
a) V misce smíchejte univerzální mouku, kukuřičný škrob, prášek do pečiva, sůl a černý pepř.
b) K moučné směsi postupně přidávejte studenou vodu a šlehejte, dokud nevznikne hladké těsto.
c) V hluboké pánvi nebo woku rozehřejte rostlinný olej na smažení.
d) Rozpůlené houby namáčíme do těsta a rovnoměrně je obalíme.
e) Nastrouhané houby opatrně vložíme do rozpáleného oleje a smažíme, dokud nezezlátnou a nebudou křupavé.
f) Houby vyjměte z oleje pomocí děrované lžíce nebo kleští a nechte okapat na plechu vyloženém papírovou utěrkou.
g) Ještě horké posypte solí (volitelně).
h) Podávejte tchajwanské popcornové houby jako vynikající pouliční občerstvení.

17. Tchajwanské kuře s popcornem

SLOŽENÍ:
- 1 libra vykostěných kuřecích stehen, nakrájená na kousky velikosti sousta
- 2 lžíce sójové omáčky
- 1 lžíce vína Shaoxing (volitelné)
- 1 polévková lžíce prášku z pěti koření
- 1 lžíce česnekového prášku
- 1 lžíce cibulového prášku
- 1 lžička papriky
- ½ lžičky bílého pepře
- ½ lžičky soli
- 1 šálek bramborového škrobu nebo kukuřičného škrobu
- Rostlinný olej na smažení

INSTRUKCE:
a) V misce marinujte kuřecí kousky se sójovou omáčkou, vínem Shaoxing (pokud používáte), práškem z pěti koření, česnekovým práškem, cibulovým práškem, paprikou, bílým pepřem a solí. Dobře promícháme a necháme alespoň 30 minut marinovat.
b) V hluboké pánvi nebo hrnci rozehřejte rostlinný olej na smažení.
c) Marinované kousky kuřete potřete bramborovým škrobem nebo kukuřičným škrobem, přebytek setřeste.
d) Obalené kuřecí kousky opatrně vhoďte do rozpáleného oleje a opékejte, dokud nezezlátnou a nebudou křupavé.
e) Vyjměte kuře z oleje pomocí děrované lžíce a nechte okapat na talíři vyloženém papírovou utěrkou.
f) Podávejte Yan Su Ji / Kiâm-So̍-Ke horké jako oblíbené tchajwanské pouliční občerstvení.

18.Taro koule

SLOŽENÍ:
- 2 šálky taro, oloupané a nakrájené na kostky
- ½ šálku lepkavé rýžové mouky
- ¼ šálku cukru
- Voda (dle potřeby)
- Tapiokový škrob nebo bramborový škrob (na posypání)

INSTRUKCE:
a) Kostky taro vařte v páře, dokud nebudou měkké a snadno rozmačkané vidličkou.
b) Uvařené taro rozmačkejte do hladka.
c) V míse smíchejte rozmačkané taro, mouku z lepkavé rýže a cukr. Dobře promíchejte.
d) Postupně po troškách přidávejte vodu a hněťte, dokud nevznikne vláčné těsto. Konzistence by měla být podobná hracímu těstu.
e) Z těsta oddělujte malé kousky a vyválejte z nich malé kuličky.
f) Přiveďte k varu hrnec s vodou.
g) Taro kuličky opatrně vhoďte do vroucí vody a vařte, dokud nevyplavou na povrch.
h) Uvařené taro kuličky vyjměte z vody a přendejte je do misky se studenou vodou, aby vychladly a ztuhly.
i) Sceďte taro kuličky a poprašte je tapiokovým škrobem nebo bramborovým škrobem, aby se nepřilepily.
j) Taro koule podávejte jako zálivku na dezerty, jako je led nebo sladké polévky.

19. Smažené houby

SLOŽENÍ:
- 1 libra čerstvých hub, očištěných a nakrájených na plátky
- ½ šálku univerzální mouky
- ½ šálku kukuřičného škrobu
- 1 lžička prášku do pečiva
- ½ lžičky soli
- ¼ lžičky černého pepře
- 1 šálek studené vody
- Rostlinný olej na smažení
- Sůl na posypání (volitelné)

INSTRUKCE:
a) V misce smíchejte univerzální mouku, kukuřičný škrob, prášek do pečiva, sůl a černý pepř.
b) Do mouky postupně přidávejte studenou vodu a šlehejte, dokud nevznikne hladké těsto.
c) V hluboké pánvi nebo woku rozehřejte rostlinný olej na smažení.
d) Nakrájené houby namáčíme do těsta a rovnoměrně je obalíme.
e) Nastrouhané houby opatrně vložíme do rozpáleného oleje a smažíme, dokud nezezlátnou a nebudou křupavé.
f) Osmažené houby vyjmeme z oleje pomocí děrované lžíce nebo kleští a necháme okapat na plechu vyloženém papírovou utěrkou.
g) Ještě horké posypte solí (volitelně).
h) Smažené houby podávejte jako chutnou pouliční svačinu.

20.Grilovaná chobotnice

SLOŽENÍ:
- 2 středně velké chobotnice, očištěné a vykuchané
- 2 lžíce sójové omáčky
- 2 lžíce ústřicové omáčky
- 2 lžíce medu
- 1 lžíce sezamového oleje
- 1 lžíce mletého česneku
- 1 lžička chilli prášku (volitelně)
- Sůl a pepř na dochucení
- Dřevěné špejle

INSTRUKCE:
a) Předehřejte gril nebo grilovací pánev na středně vysokou teplotu.
b) Olihně označte křížem krážem na obou stranách.
c) V misce smíchejte sójovou omáčku, ústřicovou omáčku, med, sezamový olej, mletý česnek, chilli prášek (pokud používáte), sůl a pepř, abyste vytvořili marinádu.
d) Potřete olihně marinádou a ujistěte se, že jsou dobře potažené.
e) Navlékněte chobotnici na dřevěné špejle a propíchněte je skrz tělo a chapadla.
f) Chobotnice grilujte asi 3–4 minuty z každé strany, dokud nebudou propečené a nebudou mít stopy po grilování.
g) Vyjměte chobotnici z grilu a před podáváním ji nechte několik minut odpočinout.
h) Grilované chobotnice nakrájejte na menší kousky a podávejte horké.

21. Tchajwanské mleté vepřové maso a nakládané okurky

SLOŽENÍ:
- 1 libra (450 g) mletého vepřového masa
- 1 šálek nakládaných okurek, nakrájených na tenké plátky
- 2 lžíce sójové omáčky
- 1 lžíce hoisin omáčky
- 1 lžíce rýžového octa
- 1 lžíce sezamového oleje
- 2 stroužky česneku, mleté
- 1 lžička zázvoru, mletého
- ½ lžičky cukru
- ¼ lžičky černého pepře
- Rostlinný olej na vaření
- Zelená cibule, nakrájená (na ozdobu)

INSTRUKCE:
a) V malé misce smíchejte sójovou omáčku, omáčku hoisin, rýžový ocet, sezamový olej, mletý česnek, mletý zázvor, cukr a černý pepř. Dát stranou.
b) Zahřejte rostlinný olej ve velké pánvi nebo woku na středně vysokou teplotu.
c) Přidejte mleté vepřové maso na pánev a vařte, dokud nezhnědne a neprovaří.
d) Přidejte nakrájené nakládané okurky na pánev a za stálého míchání smažte asi 2 minuty.
e) Omáčkovou směs nalijte na vepřové maso a okurky. Dobře promíchejte, aby se spojily.
f) Vařte další 2-3 minuty, dokud se chutě dobře nespojí.
g) Ozdobte nakrájenou zelenou cibulkou.
h) Tchajwanské mleté vepřové maso a nakládané okurky podávejte horké s dušenou rýží.

22.Tchajwanská dušená vepřová rýže

SLOŽENÍ:
- 1 libra vepřového bůčku, nakrájeného na tenké plátky
- ¼ šálku sójové omáčky
- ¼ šálku tmavé sójové omáčky
- ¼ šálku rýžového vína
- 2 lžíce cukru
- 2 stroužky česneku, mleté
- 2 hvězdičky anýzu
- 1 tyčinka skořice
- 1 šálek vody
- 4 šálky vařené jasmínové rýže
- Vejce natvrdo (volitelně)
- Zelená nakládaná hořčice (volitelně)
- Nakrájená zelená cibule (na ozdobu)

INSTRUKCE:
a) Na pánvi opečte plátky vepřového bůčku, dokud nebudou zvenku křupavé. Vyjměte a dejte stranou.
b) Do stejné pánve přidejte nasekaný česnek a restujte, dokud nebude voňavý.
c) Do pánve přidejte sójovou omáčku, tmavou sójovou omáčku, rýžové víno, cukr, badyán, tyčinku skořice a vodu. Míchejte, aby se spojily.
d) Opečené plátky vepřového bůčku vraťte do pánve a směs přiveďte k varu.
e) Pánev zakryjte a nechte vepřové maso v omáčce dusit asi 1-2 hodiny, dokud nezměkne a omáčka nezhoustne.
f) Chcete-li podávat, vložte do misky nebo talíře kopeček vařené jasmínové rýže.
g) Rýži položte na plátky dušeného vepřového bůčku a po lžících přelijte trochou omáčky.
h) Ozdobte nakrájenou zelenou cibulkou.
i) Lu Rou Fan podávejte horké a jako další polevu můžete přidat i vejce natvrdo a nakládanou hořčici.

23. Kuřecí guláš na tchajwanském sezamovém oleji

SLOŽENÍ:
- 2 libry kuřecí kousky (s kostí a kůží)
- 3 lžíce sezamového oleje
- 3 lžíce sójové omáčky
- 3 lžíce rýžového vína
- 1 lžíce cukru
- 3 stroužky česneku, nasekané
- 1-palcový kus zázvoru, nakrájený na plátky
- 2 hrnky kuřecího vývaru
- 1 lžíce kukuřičného škrobu (volitelně, pro zahuštění)
- Zelená cibule, nakrájená (na ozdobu)

INSTRUKCE:
a) Zahřejte sezamový olej ve velkém hrnci nebo holandské troubě na střední teplotu.
b) Přidejte nasekaný česnek a nakrájený zázvor. Za stálého míchání smažte asi 1 minutu, dokud nebude voňavá.
c) Do hrnce přidejte kuřecí kousky a opečte je ze všech stran.
d) V malé misce smíchejte sójovou omáčku, rýžové víno a cukr. Touto směsí nalijte kuře.
e) Do hrnce přidejte kuřecí vývar, přikryjte a vařte asi 30–40 minut, dokud není kuře propečené a měkké.
f) Pokud chcete, smíchejte kukuřičný škrob s trochou vody, abyste vytvořili kašičku a přidejte ji do dušeného masa, aby omáčka zahustila. Dobře promíchejte, aby se spojily.
g) Kuřecí dušené maso na sezamovém oleji podávejte horké, ozdobené nakrájenou zelenou cibulkou a dušenou rýží.

24.Tchajwanské knedlíky

SLOŽENÍ:
- 1 balení obalů na knedlíky
- ½ libry mletého vepřového masa
- ½ šálku napa kapusty, jemně nakrájené
- ¼ šálku zelené cibule, jemně nakrájené
- 1 lžíce zázvoru, mletého
- 2 lžíce sójové omáčky
- 1 lžíce sezamového oleje
- 1 lžička cukru
- ½ lžičky soli
- ¼ lžičky černého pepře

INSTRUKCE:
a) V míse smíchejte mleté vepřové maso, zelí Napa, zelenou cibulku, zázvor, sójovou omáčku, sezamový olej, cukr, sůl a černý pepř. Dobře promíchejte, dokud nebudou všechny ingredience rovnoměrně propojeny.
b) Vezměte knedlíkový obal a do středu dejte lžíci vepřové náplně.
c) Ponořte prst do vody a navlhčete okraje obalu.
d) Přeložte obal na polovinu a okraje přitiskněte k sobě, aby se utěsnil, čímž vznikne tvar půlměsíce.
e) Postup opakujte se zbývajícími obaly na knedlíky a náplní.
f) Přiveďte k varu velký hrnec s vodou. Knedlíky přidáme do vroucí vody a vaříme asi 5-7 minut, dokud nevyplavou na povrch.
g) Knedlíky sceďte a podávejte horké se sójovou omáčkou nebo oblíbenou omáčkou.

25. Kuře na tři šálky tchajwanského typu

SLOŽENÍ:
- 1 libra (450 g) kuřete nakrájeného na kousky velikosti sousta
- ¼ šálku sezamového oleje
- ¼ šálku sójové omáčky
- ¼ šálku rýžového vína
- 1 lžíce cukru
- 5 stroužků česneku, mletého
- 1-palcový kousek zázvoru, mletý
- 2 lžíce lístků čerstvé bazalky

INSTRUKCE:
a) Zahřejte sezamový olej ve woku nebo velké pánvi na středním plameni.
b) Přidejte nasekaný česnek a zázvor a za stálého míchání opékejte asi 1 minutu, dokud se nerozvoní.
c) Přidejte kousky kuřete do woku a vařte, dokud ze všech stran nezhnědnou.
d) V malé misce smíchejte sójovou omáčku, rýžové víno a cukr. Touto směsí nalijte kuře.
e) Snižte teplotu na minimum a nechte kuře dusit asi 20–25 minut, dokud omáčka nezhoustne a kuře není propečené.
f) Přidejte lístky čerstvé bazalky a dobře promíchejte, aby se spojily.

26.Tchajwanské vepřové kotlety

SLOŽENÍ:

- 4 vepřové kotlety
- 2 lžíce sójové omáčky
- 2 lžíce rýžového vína
- 1 lžíce cukru
- 2 stroužky česneku, mleté
- ½ lžičky prášku z pěti koření
- Sůl a pepř na dochucení
- Rostlinný olej na smažení

INSTRUKCE:

a) V misce smíchejte sójovou omáčku, rýžové víno, cukr, mletý česnek, prášek z pěti koření, sůl a pepř. Dobře promíchejte, aby vznikla marináda.
b) Vepřové kotlety dejte do mělké misky a zalijte je marinádou. Ujistěte se, že všechny strany vepřových kotlet jsou potažené. Necháme je marinovat alespoň 30 minut.
c) Zahřejte rostlinný olej na pánvi nebo pánvi na středně vysokou teplotu.
d) Marinované vepřové kotlety opékejte asi 3–4 minuty z každé strany, dokud nejsou zlatavě hnědé a propečené.
e) Vyjměte vepřové kotlety z pánve a položte je na servírovací talíř.
f) Podávejte tchajwanské vepřové kotlety horké s dušenou rýží nebo jako náplň do sendviče na tchajwanský způsob.

27. Na plameni grilované hovězí kostky

SLOŽENÍ:
- 1 libra hovězí svíčkové nebo ribeye, nakrájená na 1-palcové kostky
- 2 lžíce sójové omáčky
- 2 lžíce ústřicové omáčky
- 2 lžíce medu
- 2 stroužky česneku, mleté
- 1 lžíce rostlinného oleje
- Sůl a pepř na dochucení
- Špejle

INSTRUKCE:
a) V misce smíchejte sójovou omáčku, ústřicovou omáčku, med, mletý česnek, rostlinný olej, sůl a pepř, abyste vytvořili marinádu.
b) Přidejte kostky hovězího masa do marinády a promíchejte, aby se rovnoměrně obalily. Necháme marinovat alespoň 30 minut nebo až přes noc v lednici.
c) Předehřejte gril nebo grilovací pánev na středně vysokou teplotu.
d) Marinované hovězí kostky napíchněte na špejle.
e) Hovězí špízy grilujte asi 2–3 minuty z každé strany, dokud nebudou opečené do požadované úrovně.
f) Vyjměte špízy z grilu a před podáváním je nechte pár minut odpočinout.
g) Hovězí kostky grilované na plameni podávejte horké jako lahodnou pouliční svačinku.

28. Tchajwanská dušená vepřová rýžová mísa

SLOŽENÍ:
- 1 libra (450 g) vepřového bůčku nakrájeného na kousky velikosti sousta
- 3 lžíce sójové omáčky
- 3 lžíce tmavé sójové omáčky
- 2 lžíce cukru
- 2 stroužky česneku, mleté
- 1-palcový kus zázvoru, nakrájený na plátky
- 2 hvězdičky anýzu
- 1 tyčinka skořice
- 2 šálky vody
- 2 lžíce rostlinného oleje
- Dušená rýže, k podávání
- Zelená cibule, nakrájená (na ozdobu)

INSTRUKCE:
a) V misce smíchejte sójovou omáčku, tmavou sójovou omáčku, cukr, mletý česnek, nakrájený zázvor, badyán, tyčinku skořice a vodu. Dobře promíchejte, aby vznikla dušená omáčka.
b) Zahřejte rostlinný olej ve velkém hrnci nebo holandské troubě na střední teplotu.
c) Do hrnce přidejte kousky vepřového bůčku a opečte je ze všech stran.
d) Vepřové maso zalijeme dušenou omáčkou a přivedeme k varu.
e) Snižte teplotu na minimum a nechte vepřové maso přikryté dusit asi 1,5–2 hodiny, dokud maso nezměkne a chutě dobře proniknou.
f) Vepřové maso během vaření občas promíchejte a v případě potřeby přidejte více vody, aby se nevysušilo.
g) Jakmile je vepřové maso měkké, sejměte poklici a nechte omáčku na mírném ohni dalších 10–15 minut zhoustnout.
h) Podávejte tchajwanské dušené vepřové maso s dušenou rýží a ozdobte nakrájenou zelenou cibulkou.
i) Užijte si tuto chutnou a uklidňující misku na rýži.

29.Tchajwanská klobása s lepkavou rýží

SLOŽENÍ:
- 2 šálky lepkavé rýže (lepkavá rýže)
- 4 čínské klobásy (lap cheong)
- 2 lžíce sójové omáčky
- 1 lžíce ústřicové omáčky
- 1 lžíce sezamového oleje
- 2 stroužky česneku, mleté
- 1 lžíce rostlinného oleje
- 2 zelené cibule, nakrájené

INSTRUKCE:
a) Lepkavou rýži propláchněte a namočte do vody alespoň na 4 hodiny nebo přes noc. Před vařením rýži sceďte.
b) V páře vařte lepkavou rýži asi 20–25 minut, dokud nezměkne a nebude lepkavá.
c) Zatímco se rýže vaří v páře, uvařte čínské klobásy. Do hrnce přidejte vodu a přiveďte ji k varu. Přidejte klobásy a vařte 10 minut. Vyjmeme z vody a necháme vychladnout.
d) Jakmile klobásy vychladnou, nakrájejte je šikmo na tenké kousky.
e) V samostatné pánvi zahřejte rostlinný olej na střední teplotu. Přidejte nasekaný česnek a restujte, dokud nebude voňavý.
f) Do pánve přidejte dušenou lepkavou rýži a několik minut smažte.
g) Do pánve přidejte sójovou omáčku, ústřicovou omáčku, sezamový olej a nakrájenou zelenou cibulku. Dobře promíchejte, aby se rýže obalila.
h) Do pánve přidejte nakrájené klobásy a pokračujte v restování další 2-3 minuty, dokud se vše dobře nespojí.
i) Podávejte tchajwanskou klobásu s lepkavou rýží horkou.

30.Vepřové jerky na tchajwanský způsob

SLOŽENÍ:
- 1 libra (450 g) vepřové plec, nakrájená na tenké nudličky
- ¼ šálku sójové omáčky
- 2 lžíce tmavé sójové omáčky
- 2 lžíce rýžového vína
- 2 lžíce cukru
- 2 stroužky česneku, mleté
- 1 lžička prášku z pěti koření
- ½ lžičky černého pepře
- Rostlinný olej na smažení

INSTRUKCE:
a) V misce smíchejte sójovou omáčku, tmavou sójovou omáčku, rýžové víno, cukr, mletý česnek, prášek z pěti koření a černý pepř. Dobře promíchejte, aby vznikla marináda.
b) Vepřové nudličky dejte do mělké misky a zalijte je marinádou. Ujistěte se, že všechny strany vepřového masa jsou potažené. Necháme je marinovat alespoň 2 hodiny, nejlépe přes noc v lednici.
c) Předehřejte troubu na 325 °F (165 °C).
d) Vyjměte vepřové nudličky z marinády a osušte je papírovou utěrkou.
e) Zahřejte rostlinný olej ve velké pánvi nebo woku na středně vysokou teplotu.
f) Marinované vepřové nudličky opékejte po dávkách, dokud nejsou křupavé a z obou stran opečené. Vyjmeme je z oleje a necháme okapat na papírových utěrkách.
g) Osmažené vepřové nudličky položte na plech a pečte v předehřáté troubě asi 20–25 minut, aby byly zcela propečené a křupavé.
h) Vyndejte z trouby a nechte vepřové jitrnice úplně vychladnout.

31. Tchajwanská rolovaná rýže

SLOŽENÍ:
- 2 šálky vařené krátkozrnné rýže
- 1 libra (450 g) bílkovin dle vašeho výběru (vepřové, kuřecí, hovězí, tofu), nakrájené na tenké plátky
- 2 lžíce sójové omáčky
- 1 lžíce ústřicové omáčky
- 1 lžíce sezamového oleje
- 1 lžíce rostlinného oleje
- 4 stroužky česneku, mleté
- 1 šálek nakrájeného salátu nebo jiné listové zeleniny
- 1 hrnek nakrájené mrkve
- 1 šálek fazolových klíčků
- ½ šálku nakrájené zelené cibule
- Hoisin omáčka (k podávání)
- Sriracha nebo chilli omáčka (k podávání)

INSTRUKCE:

a) V misce marinujte na tenké plátky nakrájený protein (vepřové, kuřecí, hovězí, tofu) se sójovou omáčkou, ústřicovou omáčkou a sezamovým olejem. Odložte alespoň na 15 minut.
b) Zahřejte rostlinný olej na pánvi nebo woku na středně vysokou teplotu.
c) Na pánev přidejte nasekaný česnek a za stálého míchání smažte asi 1 minutu, dokud nebude voňavý.
d) Přidejte marinovaný protein do pánve a vařte, dokud se neprovaří a mírně zkaramelizuje.
e) Vyjměte protein z pánve a dejte stranou.
f) Na stejné pánvi přidejte ještě trochu oleje, pokud je potřeba, a za stálého míchání opékejte nakrájený salát, nakrájenou mrkev, fazolové klíčky a nakrájenou zelenou cibulku po dobu několika minut, dokud nebude zelenina mírně vařená, ale stále křupavá.
g) Uvařenou rýži rozdělte na servírovací talíře.
h) Na rýži položte část restované zeleniny a bílkovin.
i) Rýži a náplně pevně zarolujte pomocí plastového obalu nebo podložky na sushi.
j) Odstraňte plastový obal nebo podložku na sushi a podávejte tchajwanskou rolovanou rýži s omáčkou hoisin a sriracha nebo chilli omáčkou.

JAPONSKÉ KOMFORTNÍ JÍDLO

32. Tofu v omáčce z černého pepře

Ingredience :
- 1 šálek. Kukuřičný škrob
- 1 ½ lžičky bílého pepře
- 16oz pevného tofu, dokonale odkapané
- 4 polévkové lžíce rostlinného oleje
- 1 lžička košer soli
- 2 jarní cibulky, nakrájené nadrobno
- 3 červené chilli papričky, zbavené semínek a pěkně nakrájené

INSTRUKCE:
a) Ujistěte se, že je tofu dobře okapané a osušte papírovou utěrkou. Můžete na něj přitlačit těžké prkénko, abyste dostali veškerou tekutinu ven.
b) Tofu nakrájíme na jemné kostky
c) Smíchejte kukuřičný škrob s bílým pepřem a solí.
d) Tofu vhoďte do moučné směsi, dejte pozor, aby byly kostky dobře zakryté.
e) Posaďte je na 2 minuty do sáčku Ziploc
f) Nalijte olej do nepřilnavé pánve, když je rozpálená, opečte kostky tofu na křupavé kostky
g) Smažíme po dávkách a
h) Ozdobte nakrájenou paprikou a jarní cibulkou

33. Agedashi Tofu

SLOŽENÍ:
- Ochucený olej, tři šálky
- Kukuřičný škrob, čtyři polévkové lžíce
- Sojová omáčka, dvě polévkové lžíce
- Katsuobishi, podle potřeby
- Tofu, jeden blok
- Mirin, dvě polévkové lžíce
- Daikon ředkev, podle potřeby
- Jarní cibulka podle potřeby
- Shichimi Togarashi, hrstka
- Dashi, jeden šálek

INSTRUKCE:
a) Tofu zabalte do tří vrstev papírových utěrek a navrch položte další talíř. Vypusťte vodu z tofu po dobu patnácti minut.
b) Oloupejte a nastrouhejte daikon a jemně vymačkejte vodu. Zelenou cibuli nakrájíme na tenké plátky.
c) Dejte dashi, sójovou omáčku a mirin do malého hrnce a přiveďte k varu.
d) Vyjměte tofu z papírových utěrek a nakrájejte ho na osm kusů.
e) Tofu obalíme v bramborovém škrobu, necháme přebytečnou mouku a ihned smažíme, dokud není světle hnědé a křupavé.
f) Tofu vyjměte a na plechu vyloženém papírovými utěrkami nebo mřížkou slijte přebytečný olej.
g) Chcete-li podávat, vložte tofu do servírovací misky a jemně nalijte omáčkou, aniž byste tofu namočili.

34. Sezamová rýže shiso

Ingredience :
- 2 šálky. vařená rýže (krátkozrnná)
- 12 listů shiso
- 6 kusů umeboshi, vypeckovaných a nakrájených
- 2 polévkové lžíce sezamových semínek, pěkně opečená

INSTRUKCE:
a) V čisté hluboké misce smíchejte vařenou rýži, umeboshi, listy shiso a sezamová semínka.
b) Sloužit

35.Japonský bramborový salát

Ingredience :

- 2 libry červenohnědých brambor. Oloupané, uvařené a rozmačkané
- 3 okurky. Jemně nakrájené
- ¼ lžičky mořské soli
- 3 lžičky rýžového vinného octa
- 1 polévková lžíce japonské hořčice
- 7 polévkových lžic japonské majonézy
- 2 mrkve. Nakrájené na čtvrtky a tenké plátky
- 1 žárovka červené cibule. Jemně nakrájené

INSTRUKCE:

a) Nakrájenou okurku dejte do mísy, posypte ji solí a nechte 12 minut odstát. Slijte přebytečnou vodu a okurky osušte v papírové utěrce
b) V malé misce smíchejte hořčici, majonézu a ocet
c) V další velké misce smíchejte bramborovou kaši, majonézu, okurky a mrkev. Dobře promíchejte, abyste dosáhli rovnoměrné směsi

36. Natto

SLOŽENÍ:
- Jarní cibulka, na ozdobu
- Natto, jedna polévková lžíce
- Sojová omáčka, půl lžičky
- Saikkyo, jedna a půl lžičky
- Tofu, půl bloku
- Miso, dvě polévkové lžíce
- Semena Wakame, hrst
- Dashi, dva šálky

INSTRUKCE:
a) Dashi přiveďte k varu v hrnci na polévku a do tekutiny vložte lžíci natto. Vařte dvě minuty.
b) Vložte miso pasty do hrnce a použijte zadní část lžíce k rozpuštění pasty do dashi.
c) Přidejte wakame a tofu a vařte dalších 30 sekund.
d) Ozdobte jarní cibulkou.
e) Ihned podávejte.

37.Nasu Dengaku

SLOŽENÍ:
- Japonský lilek, tři
- Ochucený olej, jedna polévková lžíce
- Sake, dvě polévkové lžíce
- Cukr, dvě polévkové lžíce
- Míšo, čtyři polévkové lžíce
- Sezamová semínka podle potřeby
- Tofu, jeden blok
- Mirin, dvě polévkové lžíce
- Daikon ředkev, tři
- Konnyaku, hrstka

INSTRUKCE:
a) Smíchejte saké, mirin, cukr a miso v hrnci.
b) Dobře promíchejte, aby se spojily a poté přiveďte k mírnému varu na nejnižším ohni. Za stálého míchání vařte několik minut.
c) Tofu zabalte do dvou listů papírové utěrky a mačkejte tofu mezi dvěma talíři po dobu 30 minut.
d) Tofu a lilky dejte na plech vyložený pečicím papírem nebo silikonový plech. Štětcem naneste rostlinný olej na horní a spodní stranu tofu a lilku.
e) Pečte při 400 stupních dvacet minut, nebo dokud lilek nezměkne.
f) Opatrně nalijte trochu miso glazury na tofu a lilek a rovnoměrně rozetřete. Grilujte pět minut.

38. Pánev na nudle Ramen se steakem

SLOŽENÍ:
- Cibule, jedna
- Mrkev, půl šálku
- Mleté hovězí, půl kila
- Řepkový olej, jedna polévková lžíce
- Kečup, dvě polévkové lžíce
- Sůl a pepř na dochucení
- Kukuřičný škrob, jedna čajová lžička
- Hovězí vývar, jeden šálek
- Sake, jedna polévková lžíce
- Vařené vejce, jedno
- Worcestershire omáčka, jedna polévková lžíce

INSTRUKCE:
a) Ve velké pánvi na středně vysokém ohni rozehřejte olej.
b) Přidejte steak a opékejte, dokud nedosáhnete požadovaného dokončení, asi pět minut na každou stranu pro střední, poté přeneste na prkénko a nechte pět minut odpočívat a poté jej nakrájejte.
c) V malé misce prošlehejte sójovou omáčku, česnek, limetkovou šťávu, med a kajenský pepř, dokud se nespojí a odstavte.
d) Přidejte cibuli, papriku a brokolici na pánev a vařte do měkka, poté přidejte směs sójové omáčky a míchejte, dokud se úplně nepokryje.
e) Přidejte uvařené ramen nudle a steak a promíchejte, dokud se nespojí.

39. Sýrový Ramen Carbonara

SLOŽENÍ:
- Dashi, jeden šálek
- Olivový olej, jedna polévková lžíce
- Plátky slaniny, šest
- Sůl, podle potřeby
- Mletý česnek, dva
- Petržel, podle potřeby
- Parmazán, půl šálku
- Mléko, dvě polévkové lžíce
- Vejce, dvě
- Ramen pack, tři

INSTRUKCE:
a) Smíchejte všechny ingredience .
b) Uvařte nudle podle návodu na obalu.
c) Uložte si čtvrt šálku vody na vaření, aby se omáčka později v případě potřeby uvolnila. Nudle sceďte a pokapejte olivovým olejem, aby se nelepily.
d) Zahřejte střední pánev na střední teplotu. Kousky slaniny opečte dohněda a křupava. Přidejte nudle na pánev a promíchejte se slaninou, dokud nebudou nudle obalené v tuku ze slaniny.
e) Vejce rozšleháme vidličkou a vmícháme parmazán. Na pánev nalijeme vaječno-sýrovou směs a promícháme se slaninou a nudlemi.

40.Čtyři přísady ramen

Ingredience :
- 1 (3 oz.) balení ramen nudlí, jakákoli příchuť
- 2 šálky vody
- 2 lžíce másla
- 1/4 šálku mléka

INSTRUKCE:
a) Umístěte hrnec na střední teplotu a naplňte většinu vodou. Vařte, dokud se nezačne vařit.
b) Vmícháme nudle a necháme 4 minuty vařit. vylijte vodu a vložte nudle do prázdného hrnce.
c) Vmícháme mléko s máslem a směs koření. Vařte je 3 až 5 minut na mírném ohni, dokud nebudou krémové. Podávejte teplé. Užívat si.

41. Ramen lasagne

Ingredience :
- 2 (3 oz.) balíčky ramen nudle
- 1 lb mletého hovězího masa
- 3 vejce
- 2 C. strouhaný sýr
- 1 lžíce nasekané cibule
- 1 C. omáčka na špagety

INSTRUKCE:
a) Než něco uděláte, předehřejte troubu na 325 F.
b) Umístěte velkou pánev na střední teplotu. Vařte v něm hovězí maso s 1 sáčkem koření a cibulí 10 minut.
c) Hovězí maso přendáme na vymaštěný pekáč. Rozšlehejte vejce a vařte je na stejné pánvi, dokud nebudou hotová.
d) Hovězí maso posypte 1/2 C strouhaného sýra, následně vařenými vejci a další 1/2 C sýra.
e) Ramenové nudle uvařte podle návodu na obalu. Scedíme a promícháme s omáčkou na špagety.
f) Směs rozetřete po celé sýrové vrstvě. Posypeme zbylým sýrem. Pečeme v troubě 12 minut. lasagne podávejte teplé. Užívat si.

42. Horká vepřová kotleta Ramen

SLOŽENÍ:
- 1 libra vepřové kotlety
- 4 lžíce čínské BBQ omáčky
- 3 lžičky arašídového oleje
- 2 šálky zelené cibule, nakrájené na plátky
- 2-3 stroužky česneku, nakrájené
- 1 lžička zázvoru, mletého
- 5 šálků kuřecího vývaru
- 3 lžíce sójové omáčky
- 3 lžíce rybí omáčky
- 2 balíčky ramen nudlí, vařené
- 5 kusů bok choy, čtvrtkované
- 1 červená Chile, nakrájená na plátky
- 8 vajec
- Stolní olej

INSTRUKCE:
a) Vepřové kotlety potřete Chines BBQ omáčkou a dejte stranou na 15–20 minut.
b) V hrnci na středním plameni rozehřejte trochu arašídového oleje, cibuli, česnek a zázvor opečte 2–3 minuty.
c) Přidejte vývar, česnek, sójovou omáčku, 2 hrnky vody, rybí omáčky, zázvor, červené chilli. Necháme provařit a přidáme bok choy. Vařte 2-3 minuty.
d) Sundejte z plotny. Nastavit stranu.
e) Předehřejte gril na vysokou teplotu.
f) Vepřové kotlety postříkejte trochou oleje a položte je na rozpálený gril, dokud nezhnědnou.
g) Obracejte stranu a z druhé strany na 3-4 minuty a poté je přeneste na talíř.
h) Rozdělte ramen mezi 4 misky.
i) Položte bok choy na nudle a pokapejte horkou polévkou.
j) Položte vepřové kotlety a ozdobte nakrájenou cibulí.
k) Navrch dejte vejce a lístky koriandru.

43.Miso Vepřové maso a Ramen

SLOŽENÍ:
- 2 libry prasečí klusáky, nakrájené na 1-palcové kulaté tvary
- 2 libry kuře, vykostěné, nakrájené na nudličky
- 2 lžíce oleje na vaření
- 1 cibule, nakrájená
- 8-10 stroužků česneku, nasekaných
- 1-palcový plátek zázvoru, nakrájený
- 2 pórky, nakrájené
- ½ libry jarní cibulky, oddělená bílá a zelená část, nakrájená
- 1 šálek žampionů, nakrájených na plátky
- 2 libry vepřové plec, nakrájené
- 1 šálek miso pasty
- ¼ šálku shoyu
- ½ lžičky mirin
- Sůl, podle chuti

INSTRUKCE:
a) Přesuňte vepřové a kuřecí maso do hrnce a přidejte hodně vody, dokud nebude zakryté. Dejte na hořák na vysokou teplotu a přiveďte k varu. Po dokončení stáhněte z ohně.
b) Zahřejte trochu oleje na vaření v litině na vysokou teplotu a opékejte cibuli, česnek a zázvor asi 15 minut nebo do zhnědnutí. Dát stranou.
c) Uvařené kosti přendáme do hrnce se zeleninou, vepřovou plecí, pórkem, bílky z cibule, žampiony. Dolijte studenou vodou. Necháme 20 minut vařit na prudkém ohni. Snižte teplotu a vařte a přikryjte pokličkou 3 hodiny.
d) Nyní odstraňte rameno špachtlí. A vložte do nádoby a chlaďte. Přiklopte zpět na hrnec poklicí a znovu vařte 6 až 8 hodin.
e) Vývar precedíme a odstraníme pevné látky. Šlehejte miso, 3 lžíce shoyu a trochu soli.
f) Nakrájejte vepřové maso a přidejte ho shoyu a mirin. Dochutíme solí.
g) Na nudle nalijte trochu vývaru a přidejte spálený česnek-sezam-chili. Vložte vepřové maso do misek.
h) Navrch dejte vejce a další požadovaný produkt.

44.Pečené kuře Katsu

SLOŽENÍ:

- Kuřecí prsa bez kosti, jedna libra
- Panko, jeden šálek
- Univerzální mouka, půl hrnku
- Voda, jedna polévková lžíce
- Vejce, jedno
- Sůl a pepř na dochucení
- Tonkatsu omáčka podle potřeby

INSTRUKCE:

a) Smíchejte panko a olej na pánvi a opékejte na středním plameni do zlatova. Panko přendejte do mělké misky a nechte vychladnout.
b) Kuřecí prsa nakrájíme na motýlka a rozpůlíme. Z obou stran kuře osolte a opepřete.
c) Do mělké mísy nasypeme mouku a do další mělké mísy rozšleháme vejce a vodu.
d) Každý kus kuřete obalte v mouce a setřeste přebytečnou mouku. Ponořte do vaječné směsi a poté potřete opečeným panko, pevně přitlačte, aby přilnulo ke kuřeti.
e) Kuřecí kousky položte na připravený plech asi na dvacet minut. Ihned podávejte nebo přendejte na mřížku, aby se dno katsu nerozmočilo vlhkostí.

45. Hayashi mleté hovězí kari

SLOŽENÍ:
- Cibule, jedna
- Mrkev, půl šálku
- Mleté hovězí maso, půl kila
- Řepkový olej, jedna polévková lžíce
- Kečup, dvě polévkové lžíce
- Sůl a pepř na dochucení
- Kukuřičný škrob, jedna čajová lžička
- Hovězí vývar, jeden šálek
- Sake, jedna polévková lžíce
- Vařené vejce, jedno

INSTRUKCE:
a) Vejce uvaříme a nakrájíme na malé kousky nebo rozmačkáme vidličkou. Dobře dochutíme solí a pepřem.
b) Rozpálíme olej a přidáme cibuli a mrkev.
c) Na mleté hovězí maso nasypeme kukuřičný škrob a přidáme k zelenině. Přidejte čtvrt šálku hovězího vývaru a za stálého míchání nalámejte mleté maso.
d) Přidejte hovězí vývar, kečup, saké a worcesterskou omáčku.
e) Dobře promíchejte a vařte deset minut nebo dokud se všechna tekutina neodpaří. Dochuťte solí a pepřem.
f) Na samostatné pánvi smažte cibuli do křupava.

46. Kuřecí Teriyaki

SLOŽENÍ:
- Sezamový olej, jedna lžička
- Brokolice, k podávání
- Zlato, jedna polévková lžíce
- Kečup, dvě polévkové lžíce
- Sůl a pepř na dochucení
- Kukuřičný škrob, jedna čajová lžička
- Vařená bílá rýže, jeden šálek
- Česnek a zázvor, jedna polévková lžíce
- Vařené vejce, jedno
- Sojová omáčka, jedna polévková lžíce

INSTRUKCE:
a) Ve střední misce prošlehejte sójovou omáčku, rýžový ocet, olej, med, česnek, zázvor a kukuřičný škrob.
b) Ve velké pánvi na středním plameni rozehřejte olej. Přidejte kuře na pánev a dochuťte solí a pepřem. Vařte dozlatova a téměř provařeného.
c) Kuře přikryjeme a dusíme, dokud omáčka mírně nezhoustne a kuře není propečené.
d) Ozdobte sezamovými semínky a zelenou cibulkou.
e) Podáváme s rýží s dušenou brokolicí.

47.Japonská miska na lososa

SLOŽENÍ:

- Chilli omáčka, jedna lžička
- Sojová omáčka, jedna lžička
- Rýže, dva šálky
- Sezamový olej, jedna polévková lžíce
- Zázvor, dvě polévkové lžíce
- Sůl a pepř na dochucení
- Sezamová semínka, jedna čajová lžička
- Ocet, jedna lžička
- Strouhané nori, podle potřeby
- Losos, půl kila
- Krouhané zelí, jeden šálek

INSTRUKCE:

a) Do velkého hrnce dejte rýži, tři šálky vody a půl lžičky soli a přiveďte k varu a vařte patnáct minut nebo dokud se voda nevstřebá.
b) Do mísy dejte ocet, sójovou omáčku, chilli omáčku, sezamový olej, sezamová semínka a zázvor a dobře promíchejte.
c) Přidejte lososa a jemně míchejte, dokud nebude zcela pokrytý.
d) Nakrájené zelí a sezamový olej dejte do mísy a míchejte, dokud se dobře nespojí.
e) Do každé misky dejte velkou lžíci rýže, přidejte zelí a vymačkejte na majonézu.

48.Kuře v hrnci/Mizutaki

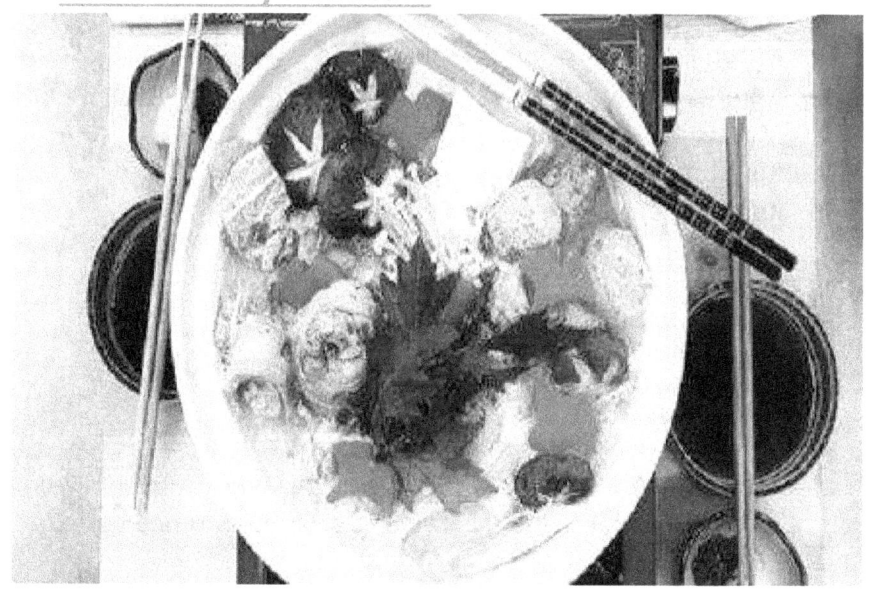

SLOŽENÍ:
- Negi, jedna
- Mizuna, čtyři
- Napa zelí, osm
- Mrkev, půl šálku
- Kuřecí stehna, jedna libra
- Kombu, půl kila
- Sake, jedna čajová lžička
- Zázvor, jedna lžička
- Sezamová semínka podle potřeby

INSTRUKCE:
a) Smíchejte všechny ingredience .
b) Do velké mísy přidejte pět šálků vody a kombu, abyste vytvořili studený nápoj kombu dashi. Dejte stranou, zatímco budete připravovat kuře.
c) Naplňte střední hrnec vodou a přidejte vykostěné kousky kuřecích stehen s kůží. Zapněte teplo na středně nízké.
d) Do studeného kombu dashi přidejte kousky kuřecích stehen, které jste právě opláchli.
e) Přidejte také kuřecí kousky saké a zázvor.
f) Na středním plameni přiveďte k varu.
g) Snižte teplotu na středně nízkou a přikryté vařte třicet minut. Během této doby začněte připravovat další ingredience . Po třiceti minutách vyjměte a vyhoďte plátky zázvoru.

49.Japonský zázvor mořský okoun

SLOŽENÍ:
- 2 lžičky miso bílé pasty
- 6 uncí kus mořského vlka
- 1 ¼ lžičky mirinu
- 1 lžička čerstvé zázvorové šťávy
- 1 lžička cukru
- 3 čajové lžičky saké

INSTRUKCE:
a) V čisté střední misce smíchejte všechny ingredience kromě saké. Dobře promícháme a dáme stranou.
b) Do promíchaného obsahu vložte kousek ryby, přidejte saké a promíchejte, dokud se dobře nezakryje
c) Dejte na 4 hodiny do mrazáku
d) Předehřejte gril a položte ryby na rošt
e) Grilujte, házejte ze strany na stranu, dokud nebude úplně hnědá a uvařená.
f) Přeneste basy na talíř a podávejte

50. Japonské luxusní teriyaki

SLOŽENÍ:
- 2 lb lososa
- 3 polévkové lžíce nakrájené zelené cibule
- 2 polévkové lžíce černých a bílých sezamových semínek
- ½ šálku extra panenského olivového oleje
- Teriyaki omáčka
- 4 polévkové lžíce sójové omáčky
- 1 šálek mirinu
- 2 ½ šálku. Cukr

INSTRUKCE:
a) Udělejte teriyaki omáčku přidáním všech ingrediencí pod její hlavičku do hrnce a vařte ji na mírném ohni, dokud nezhoustne. Odstraňte z tepla a nechte vychladnout
b) Nalijte trochu oleje do nepřilnavé pánve a vložte tam lososa. zakryjte pánev a vařte lososa na mírném ohni, dokud nebude rovnoměrně hnědý.
c) Nandejte na talíř a pokapejte teriyaki omáčkou
d) A ozdobte bílým sezamem a nakrájenou zelenou cibulkou

INDICKÉ KOMFORTNÍ JÍDLO

51. miska s rýží Tikka

SLOŽENÍ:
- Jeden šálek vykostěných kuřecích kousků
- Dva šálky rýže
- Dva šálky vody
- Dvě polévkové lžíce červeného chilli
- Jedna čajová lžička prášku garam masala
- Jedna polévková lžíce oleje na vaření
- Dvě polévkové lžíce tikka masala
- Sůl podle chuti
- Černý pepř podle chuti
- Dvě polévkové lžíce koriandrového prášku
- Jedna čajová lžička kmínového prášku
- Jedna lžička prolisovaného česneku

INSTRUKCE:
a) Vezměte rendlík.
b) Přidejte vodu do pánve.
c) Přidejte rýži a dobře vařte asi deset minut.
d) Vezměte velkou pánev.
e) Do pánve přidejte nasekaný česnek.
f) Přidejte koření do pánve.
g) Směs dobře vařte asi deset minut, dokud se neopečou.
h) Přidejte kuřecí kousky do pánve.
i) Ingredience dobře vařte asi patnáct minut.
j) Přidejte rýži do misky.
k) Navrch přidejte kuřecí směs tikka.
l) Vaše jídlo je připraveno k podávání.

52.Mísa na kari hnědé rýže

SLOŽENÍ:
- Půl kila zeleniny
- Dvě cibule
- Dvě polévkové lžíce řepkového oleje
- Jeden šálek vařené hnědé rýže
- Dva šálky vody
- Jedna čajová lžička zázvoru
- Dvě rajčata
- Čtyři stroužky česneku
- Dvě zelené papriky
- Sůl podle chuti
- Jedna lžička červeného kari pepře
- Černý pepř podle chuti
- Jedna čajová lžička listů koriandru
- Půl lžičky garam masaly
- Jedna čajová lžička černých hořčičných semínek
- Jedna lžička semen kmínu

INSTRUKCE:
a) Vezměte pánev a přidejte do ní olej.
b) Rozehřejte olej a přidejte do něj cibuli.
c) Smažte cibuli, dokud nebudou světle hnědé.
d) Do pánve přidejte semínka kmínu a hořčice.
e) Dobře je orestujte a přidejte sůl, pepř a zelené chilli.
f) Přidejte do něj kurkumu, zázvor a stroužky česneku.
g) Do pánve přidejte zeleninu a červenou kari.
h) Dobře je promíchejte a pokračujte ve vaření po dobu patnácti minut.
i) Přidejte hnědou rýži do misky.
j) Navrch přidáme připravenou směs.
k) Přidejte lístky koriandru a garam masalu na ozdobu.
l) Vaše jídlo je připraveno k podávání.

53. Sýrová rýžová mísa

SLOŽENÍ:
- Půl kila míchaného sýra
- Dvě cibule
- Dvě polévkové lžíce řepkového oleje
- Jeden šálek vařené hnědé rýže
- Dva šálky vody
- Jedna čajová lžička zázvoru
- Dvě rajčata
- Čtyři stroužky česneku
- Dvě zelené papriky
- Sůl podle chuti
- Jedna lžička červeného kari pepře
- Černý pepř podle chuti
- Jedna čajová lžička listů koriandru
- Půl lžičky garam masaly
- Jedna čajová lžička černých hořčičných semínek
- Jedna lžička semen kmínu

INSTRUKCE:
a) Vezměte pánev a přidejte do ní olej.
b) Rozehřejte olej a přidejte do něj cibuli.
c) Smažte cibuli, dokud nebudou světle hnědé.
d) Do pánve přidejte semínka kmínu a hořčice.
e) Dobře je orestujte a přidejte sůl, pepř a zelené chilli.
f) Přidejte do něj kurkumu, zázvor a stroužky česneku.
g) Do pánve přidejte sýr, rýži a červenou kari.
h) Dobře je promíchejte a pokračujte ve vaření po dobu patnácti minut.
i) Přidejte hnědou rýži do misky.
j) Vaše jídlo je připraveno k podávání.

54.skopové kari rýžová mísa

SLOŽENÍ:
- Půl kila kusů skopového
- Dvě cibule
- Dvě polévkové lžíce řepkového oleje
- Jeden šálek vařené rýže
- Dva šálky vody
- Jedna čajová lžička zázvoru
- Dvě rajčata
- Čtyři stroužky česneku
- Šest zelených chilli papriček
- Sůl podle chuti
- Jedna lžička červeného kari pepře
- Černý pepř podle chuti
- Jedna čajová lžička listů koriandru
- Půl lžičky garam masaly
- Jedna čajová lžička černých hořčičných semínek
- Jedna lžička semen kmínu

INSTRUKCE:
a) Vezměte pánev a přidejte do ní olej.
b) Rozehřejte olej a přidejte do něj cibuli.
c) Smažte cibuli, dokud nebudou světle hnědé.
d) Do pánve přidejte semínka kmínu a hořčice.
e) Dobře je orestujte a přidejte sůl, pepř a zelené chilli.
f) Přidejte do něj kurkumu, zázvor a stroužky česneku.
g) Do pánve přidejte skopové maso a červenou kari.
h) Dobře je promíchejte a pokračujte ve vaření po dobu patnácti minut.
i) Přidejte rýži do misky.
j) Navrch přidáme připravenou směs.
k) Přidejte lístky koriandru a garam masalu na ozdobu.
l) Vaše jídlo je připraveno k podávání.

55. Indická krémová kari mísa

SLOŽENÍ:
- Půl kila zeleniny
- Dvě cibule
- Dvě polévkové lžíce řepkového oleje
- Jeden šálek vařené rýže
- Dva šálky vody
- Jedna čajová lžička zázvoru
- Dvě rajčata
- Čtyři stroužky česneku
- Dvě zelené papriky
- Jeden šálek husté smetany
- Sůl podle chuti
- Jedna lžička červeného kari pepře
- Černý pepř podle chuti
- Jedna čajová lžička listů koriandru
- Půl lžičky garam masaly
- Jedna čajová lžička černých hořčičných semínek
- Jedna lžička semen kmínu

INSTRUKCE:
a) Vezměte pánev a přidejte do ní olej.
b) Rozehřejte olej a přidejte do něj cibuli.
c) Smažte cibuli, dokud nebudou světle hnědé.
d) Do pánve přidejte semínka kmínu a hořčice.
e) Dobře je orestujte a přidejte sůl, pepř a zelené chilli.
f) Přidejte do něj kurkumu, zázvor a stroužky česneku.
g) Do pánve přidejte zeleninu, smetanu a červenou kari.
h) Dobře je promíchejte a pokračujte ve vaření po dobu patnácti minut.
i) Přidejte rýži do misky.
j) Navrch přidáme připravenou směs.
k) Přidejte lístky koriandru a garam masalu na ozdobu.
l) Vaše jídlo je připraveno k podávání.

56. Indická miska s citronovou rýží

SLOŽENÍ:

- Dvě polévkové lžíce řepkového oleje
- Jeden šálek čerstvých bylinek
- Jeden šálek nakrájených citronů
- Jedna polévková lžíce červeného chilli
- Dvě polévkové lžíce citronové šťávy
- Jedna lžička česneku a zázvorové pasty
- Jedna lžička chilli vloček
- Půl lžičky kmínového prášku
- Jedna polévková lžíce koriandrového prášku
- Sůl
- Dva šálky vařené rýže

INSTRUKCE:

a) Vezměte hrnec a přidejte do něj olej.
b) Rozehřejte olej a přidejte do něj kousky citronu, sůl a pepř.
c) Vařte několik minut, dokud citron nezměkne.
d) Přidejte do něj česnek, zázvor a vločky červeného chilli.
e) Vařte, dokud se směs nestane voňavou.
f) Do směsi přidáme koření a vaříme.
g) Přidejte rýži do dvou misek.
h) Uvařenou směs rozdělíme do dvou misek.
i) Navrch přidejte čerstvé bylinky.
j) Vaše jídlo je připraveno k podávání.

57. mísa s indickým květákem

SLOŽENÍ:
- Jeden šálek růžičky květáku
- Dva šálky quinoa
- Dva šálky vody
- Dvě polévkové lžíce červeného chilli
- Jedna čajová lžička prášku garam masala
- Jedna polévková lžíce oleje na vaření
- Dva šálky špenátu
- Dva šálky červené papriky
- Půl šálku opečených kešu
- Sůl podle chuti
- Černý pepř podle chuti
- Dvě polévkové lžíce koriandrového prášku
- Jedna čajová lžička kmínového prášku
- Jedna lžička prolisovaného česneku

INSTRUKCE:
a) Vezměte rendlík.
b) Přidejte vodu do pánve.
c) Přidejte quinou a dobře vařte asi deset minut.
d) Vezměte velkou pánev.
e) Do pánve přidejte nasekaný česnek.
f) Přidejte koření do pánve.
g) Směs dobře vařte asi deset minut, dokud se neopečou.
h) Do pánve přidejte špenát, květák a papriku.
i) Ingredience dobře vařte asi patnáct minut.
j) Přidejte quinou do misky.
k) Navrch přidejte květák masala.
l) Přidejte opečené kešu na květák.
m) Vaše jídlo je připraveno k podávání.

58. Indická grilovaná čočková mísa

SLOŽENÍ:
- Dvě polévkové lžíce řepkového oleje
- Jeden šálek čerstvých bylinek
- Jedna polévková lžíce červeného chilli
- Dva šálky grilované čočky
- Jedna lžička česneku a zázvorové pasty
- Jedna lžička chilli vloček
- Půl lžičky kmínového prášku
- Jedna polévková lžíce koriandrového prášku
- Sůl
- Půl šálku mátové omáčky
- Dva šálky vařené rýže

INSTRUKCE:
a) Vezměte hrnec a přidejte do něj olej.
b) Rozehřejte olej a přidejte do něj grilovanou čočku, sůl a pepř.
c) Přidejte do něj česnek, zázvor a vločky červeného chilli.
d) Vařte, dokud se směs nestane voňavou.
e) Do směsi přidáme koření a vaříme.
f) Přidejte rýži do dvou misek.
g) Uvařenou směs rozdělíme do dvou misek.
h) Navrch přidejte čerstvé bylinky a mátovou omáčku.
i) Vaše jídlo je připraveno k podávání.

ČÍNSKÉ KOMFORTNÍ JÍDLO

59. Čínská kuřecí smažená rýže

SLOŽENÍ:
- Jedna polévková lžíce rybí omáčky
- Jedna polévková lžíce sójové omáčky
- Půl lžičky čínského koření
- Dvě polévkové lžíce chilli česnekové omáčky
- Dvě červené chilli papričky
- Jedno velké jalapeno
- Půl šálku nakrájené zelené cibule
- Jedna lžička bílého pepře
- Jedna čajová lžička čerstvého zázvoru
- Půl šálku čerstvých listů koriandru
- Čtvrtina lístků čerstvé bazalky
- Jeden šálek kuřecího vývaru
- Jedna lžička mleté citronové trávy
- Jedna lžička nasekaného česneku
- Dvě lžíce sezamového oleje
- Jedno vejce
- Půl šálku kuřete
- Dva šálky vařené hnědé rýže

INSTRUKCE:
a) Vezměte si wok.
b) Do woku přidejte namletou citronovou trávu, kuličky bílého pepře, nasekaný česnek, čínské pět koření, červené chilli, lístky bazalky a zázvor.
c) Přidejte kuřecí kousky do pánve.
d) Kuřecí kousky orestujte.
e) Do směsi wok přidejte kuřecí vývar a omáčky.
f) Pokrm vařte deset minut.
g) Do směsi přidejte uvařenou hnědou rýži.
h) Rýži dobře promíchejte a vařte pět minut.
i) Vše smícháme dohromady.
j) Přidejte do misky koriandr.
k) Rýži promícháme a několik minut opékáme.
l) Přidejte rýži do misek.
m) Smažte vejce jedno po druhém.
n) Umístěte smažené vejce na horní část misky.
o) Vaše jídlo je připraveno k podávání.

60. Pikantní mísa na zeleninu

SLOŽENÍ:
- Dva šálky hnědé rýže
- Jeden šálek omáčky sriracha
- Jeden šálek okurky
- Dvě polévkové lžíce nakládané ředkve
- Jedna polévková lžíce sečuánského pepře
- Jedna polévková lžíce rýžového octa
- Jeden šálek červeného zelí
- Jeden šálek klíčků
- Dvě polévkové lžíce opražených arašídů
- Dva šálky vody
- Sůl podle chuti
- Černý pepř podle chuti
- Dvě polévkové lžíce sójové omáčky
- Jedna lžička prolisovaného česneku

INSTRUKCE:
a) Vezměte rendlík.
b) Přidejte vodu do pánve.
c) Přidejte hnědou rýži a dobře vařte asi deset minut.
d) Zeleninu opečte na pánvi.
e) Do pánve přidejte sečuánský pepř a zbytek koření a omáčky.
f) Ingredience dobře promíchejte.
g) Když je hotovo, dejte jídlo.
h) Přidejte hnědou rýži do misky.
i) Navrch přidejte zeleninu.
j) Vaše jídlo je připraveno k podávání.

61. Čínská mletá krůtí mísa

SLOŽENÍ:
- Dvě lžičky rýžového vína
- Jedna lžička moučkového cukru
- Čtvrt lžičky sečuánského pepře
- Dvě lžičky nakrájeného červeného chilli
- Černý pepř
- Sůl
- Jedna lžíce nasekaného česneku
- Jedna polévková lžíce ústřicové omáčky
- Jedna polévková lžíce světlé sójové omáčky
- Půl šálku najemno nakrájené jarní cibulky
- Dvě lžičky sezamového oleje
- Čtyři lžičky tmavé sójové omáčky
- Dva šálky mletého krůtího masa
- Dva šálky vařené rýže

INSTRUKCE:
a) Vezměte velkou pánev.
b) Na pánvi rozehřejte olej a vložte do něj krůtu.
c) Do pánve přidejte nasekaný česnek.
d) Do pánve přidejte rýžové víno.
e) Směs dobře vařte asi deset minut, dokud se neopečou.
f) Do pánve přidejte moučkový cukr, sečuánský pepř, červenou chilli papričku, tmavou sójovou omáčku, ústřicovou omáčku, světlou sójovou omáčku, černý pepř a sůl.
g) Ingredience dobře vařte asi patnáct minut.
h) Přidejte rýži do dvou misek.
i) Navrch přidáme uvařenou krůtí směs.
j) Vaše jídlo je připraveno k podávání.

62. Mleté hovězí rýže mísy

SLOŽENÍ:
- Dvě lžičky rýžového vína
- Jedna lžička moučkového cukru
- Čtvrt lžičky sečuánského pepře
- Dvě lžičky nakrájeného červeného chilli
- Černý pepř
- Sůl
- Jedna lžíce nasekaného česneku
- Jedna polévková lžíce ústřicové omáčky
- Jedna polévková lžíce světlé sójové omáčky
- Půl šálku najemno nakrájené jarní cibulky
- Dvě lžičky sezamového oleje
- Čtyři lžičky tmavé sójové omáčky
- Dva šálky mletého hovězího masa
- Dva šálky vařené rýže

INSTRUKCE:
a) Vezměte velkou pánev.
b) Na pánvi rozehřejte olej a vložte do něj hovězí maso.
c) Do pánve přidejte nasekaný česnek.
d) Do pánve přidejte rýžové víno.
e) Směs dobře vařte asi deset minut, dokud se neopečou.
f) Do pánve přidejte moučkový cukr, sečuánský pepř, červenou chilli papričku, tmavou sójovou omáčku, ústřicovou omáčku, světlou sójovou omáčku, černý pepř a sůl.
g) Ingredience dobře vařte asi patnáct minut.
h) Přidejte rýži do dvou misek.
i) Navrch přidáme uvařenou hovězí směs.
j) Vaše jídlo je připraveno k podávání.

63. Miska křupavé rýže

SLOŽENÍ:
- Dva šálky vařené hnědé rýže
- Jeden šálek omáčky sriracha
- Jedna polévková lžíce tamari
- Jedna polévková lžíce rýžového octa
- Sůl podle chuti
- Černý pepř podle chuti
- Dvě polévkové lžíce sójové omáčky
- Jedna lžička prolisovaného česneku
- Dvě polévkové lžíce oleje na vaření
- Jeden šálek křupavé rýžové zálivky

INSTRUKCE:
a) Přidejte olej do pánve.
b) Do pánve přidejte uvařenou rýži.
c) Dobře promíchejte rýži.
d) Necháme zkřehnout.
e) Vařte asi deset minut.
f) Vezměte si malou misku.
g) Přidejte zbytek ingrediencí do mísy.
h) Ingredience dobře promíchejte.
i) Do misky přidejte křupavou rýži.
j) Navrch pokapejte připravenou omáčkou.
k) Vaše jídlo je připraveno k podávání.

64.Miska slané lepkavé rýže

SLOŽENÍ:
- Jedna polévková lžíce ústřicové omáčky
- Dvě čínské chilli papričky
- Jeden šálek jarní cibulky
- Půl lžíce sójové omáčky
- Dvě lžičky mletého česneku
- Tři polévkové lžíce oleje na vaření
- Půl šálku horké omáčky
- Dva šálky míchané zeleniny
- Podle potřeby osolte
- Nakrájený čerstvý koriandr na ozdobu
- Jeden šálek klobásy
- Jeden šálek vařené lepkavé rýže

INSTRUKCE:
a) Vezměte velkou pánev.
b) Do pánve přidejte olej na vaření a zahřejte ho.
c) Do pánve přidejte zeleninu a jarní cibulku a za stálého míchání ji orestujte.
d) Přidejte klobásy a dobře provařte.
e) Přidejte nasekaný česnek do pánve.
f) Do směsi přidejte sójovou omáčku, rybí omáčku, čínské chilli papričky, ostrou omáčku a zbytek ingrediencí.
g) Pokrm vařte deset minut.
h) Rozdělte ingredience.
i) Přidejte lepkavou rýži do misek.
j) Navrch přidáme připravenou směs.
k) Misky ozdobte nasekanými lístky čerstvého koriandru.
l) Vaše jídlo je připraveno k podávání.

65. Hoisin hovězí mísa

SLOŽENÍ:
- Dva šálky hnědé rýže
- Jeden šálek omáčky hoisin
- Jedna polévková lžíce sečuánského pepře
- Jedna polévková lžíce rýžového octa
- Dva šálky hovězích proužků
- Dva šálky vody
- Sůl podle chuti
- Černý pepř podle chuti
- Dvě polévkové lžíce sójové omáčky
- Jedna lžička prolisovaného česneku

INSTRUKCE:
a) Vezměte rendlík.
b) Přidejte vodu do pánve.
c) Přidejte hnědou rýži a dobře vařte asi deset minut.
d) Na pánvi opečte hovězí nudličky.
e) Do pánve přidejte omáčku hoisin a zbytek koření a omáčku.
f) Ingredience dobře promíchejte.
g) Když je hotovo, dejte jídlo.
h) Přidejte hnědou rýži do misky.
i) Navrch přidáme hovězí směs.
j) Vaše jídlo je připraveno k podávání.

66.Vepřová a zázvorová rýžová mísa

SLOŽENÍ:
- Dvě lžičky rýžového vína
- Čtvrt lžičky sečuánského pepře
- Černý pepř
- Sůl
- Jedna polévková lžíce nasekaného zázvoru
- Jedna polévková lžíce ústřicové omáčky
- Jedna polévková lžíce světlé sójové omáčky
- Dvě lžičky sezamového oleje
- Čtyři lžičky tmavé sójové omáčky
- Dva šálky mletého vepřového masa
- Dva šálky vařené rýže

INSTRUKCE:
a) Vezměte velkou pánev.
b) Na pánvi rozehřejte olej a vložte do něj vepřové maso.
c) Do pánve přidejte nakrájený zázvor.
d) Do pánve přidejte rýžové víno.
e) Směs dobře vařte asi deset minut, dokud se neopečou.
f) Do pánve přidejte moučkový cukr, sečuánský pepř, červenou chilli papričku, tmavou sójovou omáčku, ústřicovou omáčku, světlou sójovou omáčku, černý pepř a sůl.
g) Ingredience dobře vařte asi patnáct minut.
h) Přidejte rýži do dvou misek.
i) Navrch přidáme uvařenou vepřovou směs.
j) Vaše jídlo je připraveno k podávání.

67. Veganská Poke Bowl se sezamovou omáčkou

SLOŽENÍ:
- Jeden šálek eidamu
- Jedna nakrájená mrkev
- Dva šálky rýže
- Dva šálky nakrájeného avokáda
- Jeden šálek sezamové omáčky
- Jeden šálek okurky
- Jeden šálek fialového zelí
- Jeden šálek křupavých kostek tofu
- Dvě polévkové lžíce zázvoru
- Jedna polévková lžíce rýžového octa
- Dva šálky vody
- Sůl podle chuti
- Černý pepř podle chuti
- Dvě polévkové lžíce světlé sójové omáčky
- Dvě polévkové lžíce tmavé sójové omáčky
- Jedna lžička prolisovaného česneku

INSTRUKCE:
a) Vezměte rendlík.
b) Přidejte vodu do pánve.
c) Přidejte rýži a dobře vařte asi deset minut.
d) Přidejte zbytek přísad kromě sezamové omáčky do misky.
e) Ingredience dobře promíchejte.
f) Přidejte hnědou rýži do misky.
g) Navrch přidáme zeleninu a tofu.
h) Navrch pokapejte sezamovou omáčkou.
i) Vaše jídlo je připraveno k podávání.

68.Chilli kuřecí rýžová mísa

SLOŽENÍ:

- Jedna lžička bílého pepře
- Jedna čajová lžička čerstvého zázvoru
- Jedna polévková lžíce rybí omáčky
- Jedna polévková lžíce sójové omáčky
- Půl lžičky čínského koření
- Dvě polévkové lžíce chilli česnekové omáčky
- Jeden šálek čínské červené chilli
- Jedna lžička mleté citronové trávy
- Jedna lžička nasekaného česneku
- Dvě lžičky sezamového oleje
- Jeden šálek kuřecích kousků
- Dva šálky vařené rýže

INSTRUKCE:

a) Vezměte si wok.
b) Do woku přidejte namletou citronovou trávu, kuličky bílého pepře, nasekaný česnek, čínské pět koření, červené chilli, lístky bazalky a zázvor.
c) Vezměte si nepřilnavou pánev.
d) Přidejte kuře do pánve.
e) Suroviny uvařte a vyndejte.
f) Přidejte omáčky do směsi wok.
g) Pokrm vařte deset minut.
h) Přidejte kuře a vařte ho pět minut.
i) Vmícháme do ní zbytek ingrediencí.
j) Pokrm vařte dalších pět minut.
k) Umístěte rýži do dvou misek.
l) Navrch přidejte kuřecí směs.
m) Vaše jídlo je připraveno k podávání.

69. Mísa Buddhy na tofu

SLOŽENÍ:
- Jedna polévková lžíce ústřicové omáčky
- Dvě čínské chilli papričky
- Jedna polévková lžíce rybí omáčky
- Půl lžíce sójové omáčky
- Dvě lžičky mletého česneku
- Tři polévkové lžíce oleje na vaření
- Půl šálku horké omáčky
- Dva šálky míchané zeleniny
- Dva šálky kostek tofu
- Podle potřeby osolte
- Nakrájený čerstvý koriandr na ozdobu
- Dva šálky vařené rýže
- Jeden šálek opečených arašídů
- Jeden šálek buddhského dresinku

INSTRUKCE:
a) Vezměte velkou pánev.
b) Do pánve přidejte olej na vaření a zahřejte ho.
c) Do pánve přidáme zeleninu a tofu a orestujeme.
d) Přidejte nasekaný česnek do pánve.
e) Do směsi přidejte sójovou omáčku, rybí omáčku, čínské chilli papričky, ostrou omáčku a zbytek ingrediencí.
f) Pokrm vařte deset minut a přidejte trochu vody na kari.
g) Rozdělte ingredience.
h) Přidejte rýži do misek.
i) Navrch přidáme připravenou směs a dresink.
j) Misky ozdobte nasekanými lístky čerstvého koriandru.
k) Vaše jídlo je připraveno k podávání.

70. Dan Rice Bowl

SLOŽENÍ:
- Jeden šálek mletého vepřového masa
- Jedna polévková lžíce omáčky sriracha
- Půl šálku nakrájeného celeru
- Půl šálku nakrájené zelené cibule
- Jedna lžička rýžového vína
- Jedna čajová lžička čerstvého zázvoru
- Jedna polévková lžíce sójové omáčky
- Půl lžičky čínského koření
- Půl šálku čerstvých listů koriandru
- Půl šálku čerstvých lístků bazalky
- Jeden šálek hovězího vývaru
- Jedna lžička nasekaného česneku
- Dvě polévkové lžíce rostlinného oleje
- Dva šálky vařené rýže

INSTRUKCE:
a) Vezměte si wok.
b) Přidejte koření do woku.
c) Do směsi wok přidejte hovězí vývar a omáčky.
d) Pokrm vařte deset minut.
e) Do směsi přidejte vepřové maso.
f) Vepřové maso dobře promíchejte a vařte ho pět minut.
g) Ingredience dobře uvaříme a smícháme se zbytkem ingrediencí.
h) Snižte teplotu sporáku.
i) Přidejte suché nudle a vodu do samostatné pánve.
j) Uvařenou rýži přidejte do misek.
k) Navrch přidáme uvařenou směs.
l) Navrch přidejte koriandr.
m) Vaše jídlo je připraveno k podávání.

71. Mletá kuřecí rýžová mísa

SLOŽENÍ:
- Dvě lžičky rýžového vína
- Jedna lžička moučkového cukru
- Čtvrt lžičky sečuánského pepře
- Dvě lžičky nakrájeného červeného chilli
- Černý pepř
- Sůl
- Jedna lžíce nasekaného česneku
- Jedna polévková lžíce ústřicové omáčky
- Jedna polévková lžíce světlé sójové omáčky
- Půl šálku najemno nakrájené jarní cibulky
- Dvě lžičky sezamového oleje
- Čtyři lžičky tmavé sójové omáčky
- Dva šálky mletého kuřete
- Dva šálky vařené rýže

INSTRUKCE:
a) Vezměte velkou pánev.
b) Na pánvi rozehřejte olej a vložte do něj kuře.
c) Do pánve přidejte nasekaný česnek.
d) Do pánve přidejte rýžové víno.
e) Směs dobře vařte asi deset minut, dokud se neopečou.
f) Do pánve přidejte moučkový cukr, sečuánský pepř, červenou chilli papričku, tmavou sójovou omáčku, ústřicovou omáčku, světlou sójovou omáčku, černý pepř a sůl.
g) Ingredience dobře vařte asi patnáct minut.
h) Přidejte rýži do dvou misek.
i) Navrch přidáme uvařenou kuřecí směs.
j) Vaše jídlo je připraveno k podávání.

72. Miska s citronovými nudlemi

SLOŽENÍ:
- Jeden šálek rýžových nudlí
- Půl šálku citronové šťávy
- Jeden šálek cibule
- Jeden šálek vody
- Dvě lžíce mletého česneku
- Dvě polévkové lžíce mletého zázvoru
- Půl šálku koriandru
- Dva šálky zeleniny
- Dvě polévkové lžíce olivového oleje
- Jeden šálek zeleninového vývaru
- Jeden šálek nakrájených rajčat

INSTRUKCE:
a) Vezměte pánev.
b) Přidejte olej a cibuli.
c) Vařte cibuli, dokud nebude měkká a voňavá.
d) Přidejte nakrájený česnek a zázvor.
e) Směs povařte a přidejte do ní rajčata.
f) Přidejte koření.
g) Přidejte do ní rýžové nudle a citronovou šťávu.
h) Ingredience pečlivě promíchejte a pánev přikryjte.
i) Přidejte zeleninu a zbytek ingrediencí.
j) Vařte deset minut.
k) Rozdělte ho do dvou misek.
l) Navrch přidejte koriandr.
m) Vaše jídlo je připraveno k podávání.

73. Kuřecí rýžová mísa s česnekem a sojou

SLOŽENÍ:
- Dvě lžičky rýžového vína
- Jeden šálek sóji
- Čtvrt lžičky sečuánského pepře
- Dvě lžičky nakrájeného červeného chilli
- Černý pepř
- Sůl
- Jeden šálek kuřecích kousků
- Jedna lžíce nasekaného česneku
- Dvě lžíce sezamového oleje
- Čtyři lžičky tmavé sójové omáčky
- Dva šálky vařené rýže
- Dvě lžíce nakrájené jarní cibulky

INSTRUKCE:
a) Vezměte velkou pánev.
b) Na pánvi rozehřejte olej.
c) Do pánve přidejte nasekaný česnek.
d) Do pánve přidejte kuře, rýžové víno a sóju.
e) Směs dobře vařte asi deset minut, dokud se neopečou.
f) Do pánve přidejte sečuánský pepř, červenou chilli papričku, tmavou sójovou omáčku, černý pepř a sůl.
g) Ingredience dobře vařte asi patnáct minut.
h) Rozdělte rýži do dvou misek.
i) Přidejte směs navrch.
j) Pokrm ozdobíme nakrájenou jarní cibulkou.
k) Vaše jídlo je připraveno k podávání.

VIETNAMSKÉ KOMFORTNÍ JÍDLO

74. Mísa na rýži Banh Mi

SLOŽENÍ:
- Dva šálky vařené rýže
- Jedna lžička rybí omáčky
- Jeden šálek nakrájeného zelí
- Jeden šálek nakrájené zelené cibule
- Dvě polévkové lžíce nasekaného koriandru
- Jeden šálek kousků vepřové panenky
- Jeden šálek nakládané zeleniny
- Dvě polévkové lžíce olivového oleje
- Jeden šálek majonézy sriracha
- Sůl podle chuti
- Černý pepř podle chuti

INSTRUKCE:
a) Vezměte pánev.
b) Přidejte olej do pánve.
c) Přidejte vepřové maso, sůl a černý pepř.
d) Dobře vařte asi deset minut.
e) Když je hotovo, dejte jídlo.
f) Rozdělte rýži do dvou misek.
g) Navrch přidejte vepřové maso, nakládanou zeleninu, sriracha mayo a zbytek ingrediencí.
h) Navrch ozdobte koriandrem.
i) Vaše jídlo je připraveno k podávání.

75.Hovězí maso a křupavá rýže

SLOŽENÍ:

- Dva šálky vařené hnědé rýže
- Jeden šálek omáčky sriracha
- Jedna polévková lžíce rybí omáčky
- Jeden šálek vařených hovězích proužků
- Jedna polévková lžíce rýžového octa
- Sůl podle chuti
- Černý pepř podle chuti
- Dvě polévkové lžíce sójové omáčky
- Jedna lžička prolisovaného česneku
- Dvě polévkové lžíce oleje na vaření

INSTRUKCE:

a) Přidejte olej do pánve.
b) Do pánve přidejte uvařenou rýži.
c) Dobře promíchejte rýži.
d) Necháme zkřehnout.
e) Vařte asi deset minut.
f) Do směsi přidejte všechny omáčky a koření.
g) Ingredience dobře promíchejte.
h) Do misky přidejte křupavou rýži.
i) Na rýži přidejte vařené hovězí maso.
j) Vaše jídlo je připraveno k podávání.

76. Kuřecí mísa s rýží Sirarcha

SLOŽENÍ:
- Dva šálky vařené hnědé rýže
- Jeden šálek omáčky sriracha
- Jedna polévková lžíce rybí omáčky
- Jeden šálek kuřecích nudlí
- Jedna polévková lžíce rýžového octa
- Sůl podle chuti
- Černý pepř podle chuti
- Dvě polévkové lžíce sójové omáčky
- Jedna lžička prolisovaného česneku
- Dvě polévkové lžíce oleje na vaření

INSTRUKCE:
a) Přidejte olej do pánve.
b) Přidejte česnek do pánve.
c) Česnek dobře promícháme.
d) Necháme zkřehnout.
e) Přidejte kuřecí kousky.
f) Do směsi přidejte všechny omáčky a koření.
g) Ingredience dobře promíchejte.
h) Uvařenou rýži rozdělte do dvou misek.
i) Na rýži přidejte vařené kuře.
j) Vaše jídlo je připraveno k podávání.

77. Miska na nudle z citronové trávy

SLOŽENÍ:
- Dva šálky nudlí
- Dva šálky vody
- Jedna lžička rybí omáčky
- Jeden šálek cibule
- Jeden šálek vody
- Dvě lžíce mletého česneku
- Dvě polévkové lžíce mletého zázvoru
- Půl šálku koriandru
- Dvě polévkové lžíce sušené citronové trávy
- Dvě polévkové lžíce olivového oleje
- Jeden šálek hovězího vývaru
- Jeden šálek hovězích proužků
- Jeden šálek nakrájených rajčat

INSTRUKCE:
a) Vezměte pánev.
b) Přidejte olej a cibuli.
c) Vařte cibuli, dokud nebude měkká a voňavá.
d) Přidejte nakrájený česnek a zázvor.
e) Směs povařte a přidejte do ní rajčata.
f) Přidejte koření.
g) Přidejte do ní hovězí nudličky, hovězí vývar a rybí omáčku.
h) Ingredience pečlivě promíchejte a pánev přikryjte.
i) Vařte deset minut.
j) Vezměte rendlík.
k) Přidejte vodu do pánve.
l) Přidejte nudle a dobře vařte asi deset minut.
m) Nudle rozdělte do dvou misek.
n) Navrch přidejte hovězí směs a koriandr.
o) Vaše jídlo je připraveno k podávání.

78. Glazovaná kuřecí rýžová mísa

SLOŽENÍ:
- Dvě lžičky rýžového vína
- Čtvrt lžičky rybí omáčky
- Černý pepř
- Sůl
- Jedna polévková lžíce nasekaného zázvoru
- Jedna polévková lžíce ústřicové omáčky
- Jedna polévková lžíce světlé sójové omáčky
- Půl šálku najemno nakrájené jarní cibulky
- Dvě lžičky sezamového oleje
- Čtyři lžičky tmavé sójové omáčky
- Dva šálky glazovaných kuřecích kousků
- Dva šálky vařené rýže

INSTRUKCE:
a) Vezměte velkou pánev.
b) Do pánve přidejte nakrájený zázvor.
c) Do pánve přidejte rýžové víno.
d) Směs dobře vařte asi deset minut, dokud se neopečou.
e) Do pánve přidejte rybí omáčku, tmavou sójovou omáčku, ústřicovou omáčku, světlou sójovou omáčku, černý pepř a sůl.
f) Ingredience dobře vařte asi patnáct minut.
g) Přidejte rýži do dvou misek.
h) Navrch přidáme uvařenou směs.
i) Navrch přidejte glazované kuřecí kousky.
j) Vaše jídlo je připraveno k podávání.

79.Česnekové krevety Vermicelli

SLOŽENÍ:
- Jeden šálek rýžových nudlí
- Jedna lžička rybí omáčky
- Jeden šálek cibule
- Jeden šálek vody
- Dvě lžíce mletého česneku
- Dvě polévkové lžíce mletého zázvoru
- Půl šálku koriandru
- Dvě polévkové lžíce oleje na vaření
- Jeden šálek kousků krevet
- Jeden šálek zeleninového vývaru
- Jeden šálek nakrájených rajčat

INSTRUKCE:
a) Vezměte pánev.
b) Přidejte olej a cibuli.
c) Vařte cibuli, dokud nebude měkká a voňavá.
d) Přidejte nakrájený česnek a zázvor.
e) Směs povařte a přidejte do ní rajčata.
f) Přidejte koření.
g) Přidejte do něj kousky krevet.
h) Ingredience pečlivě promíchejte a pánev přikryjte.
i) Přidejte rýžové nudle, rybí omáčku a zbytek ingrediencí.
j) Vařte deset minut.
k) Rozdělte ho do dvou misek.
l) Navrch přidejte koriandr.
m) Vaše jídlo je připraveno k podávání.

80.knedlík s nudlemi

SLOŽENÍ:
- Jedna polévková lžíce světlé sójové omáčky
- Půl šálku najemno nakrájené jarní cibulky
- Dvě lžičky sezamového oleje
- Čtyři lžičky tmavé sójové omáčky
- Dva šálky dušených kuřecích knedlíků
- Dva šálky vařených nudlí
- Dvě lžičky rýžového vína
- Čtvrt lžičky rybí omáčky
- Černý pepř
- Sůl
- Jedna polévková lžíce nasekaného zázvoru
- Jedna polévková lžíce ústřicové omáčky

INSTRUKCE:
a) Vezměte velkou pánev.
b) Do pánve přidejte nakrájený zázvor.
c) Do pánve přidejte rýžové víno.
d) Směs dobře vařte asi deset minut, dokud se neopečou.
e) Do pánve přidejte rybí omáčku, tmavou sójovou omáčku, ústřicovou omáčku, světlou sójovou omáčku, černý pepř a sůl.
f) Ingredience dobře vařte asi patnáct minut.
g) Přidejte nudle do dvou misek.
h) Navrch přidáme uvařenou směs.
i) Navrch přidáme kuřecí knedlíčky.
j) Vaše jídlo je připraveno k podávání.

81. Kuřecí rýžová mísa

SLOŽENÍ:
- Dvě lžíce mletého česneku
- Dvě polévkové lžíce mletého zázvoru
- Půl šálku koriandru
- Dvě polévkové lžíce oleje na vaření
- Jeden šálek kuřecího vývaru
- Jeden šálek kuřecích kousků
- Jeden šálek nakrájených rajčat
- Dva šálky rýže
- Dva šálky vody
- Jedna lžička rybí omáčky
- Jeden šálek cibule
- Jeden šálek vody

INSTRUKCE:
a) Vezměte pánev.
b) Přidejte olej a cibuli.
c) Vařte cibuli, dokud nebude měkká a voňavá.
d) Přidejte nakrájený česnek a zázvor.
e) Směs povařte a přidejte do ní rajčata.
f) Přidejte koření.
g) Přidejte do ní kuřecí kousky, kuřecí vývar a rybí omáčku.
h) Ingredience pečlivě promíchejte a pánev přikryjte.
i) Vařte deset minut.
j) Vezměte rendlík.
k) Přidejte vodu do pánve.
l) Přidejte rýži a dobře vařte asi deset minut.
m) Rozdělte rýži do dvou misek.
n) Navrch přidejte kuřecí směs a koriandr.
o) Vaše jídlo je připraveno k podávání.

82. Miska pikantní hovězí rýže

SLOŽENÍ:
- Půl šálku koriandru
- Dvě polévkové lžíce červené chilli papričky
- Dvě polévkové lžíce olivového oleje
- Jeden šálek hovězího vývaru
- Jeden šálek hovězích proužků
- Jeden šálek nakrájených rajčat
- Dva šálky hnědé rýže
- Dva šálky vody
- Jedna lžička rybí omáčky
- Jeden šálek cibule
- Jeden šálek vody
- Dvě lžíce mletého česneku
- Dvě polévkové lžíce mletého zázvoru

INSTRUKCE:
a) Vezměte pánev.
b) Přidejte olej a cibuli.
c) Vařte cibuli, dokud nebude měkká a voňavá.
d) Přidejte nakrájený česnek a zázvor.
e) Směs povařte a přidejte do ní rajčata.
f) Přidejte koření.
g) Přidejte do ní hovězí nudličky, červenou chilli papričku, hovězí vývar a rybí omáčku.
h) Ingredience pečlivě promíchejte a pánev přikryjte.
i) Vařte deset minut.
j) Vezměte rendlík.
k) Přidejte vodu do pánve.
l) Přidejte hnědou rýži a dobře vařte asi deset minut.
m) Hnědou rýži rozdělte do dvou misek.
n) Navrch přidejte hovězí směs a koriandr.
o) Vaše jídlo je připraveno k podávání.

83. Karamelizovaná kuřecí mísa

SLOŽENÍ:

- Půl šálku najemno nakrájené jarní cibulky
- Dvě lžičky sezamového oleje
- Čtyři lžičky tmavé sójové omáčky
- Dva šálky vařených kuřecích kousků
- Dvě polévkové lžíce cukru
- Dva šálky vařené rýže
- Dvě lžičky rýžového vína
- Čtvrt lžičky rybí omáčky
- Černý pepř
- Sůl
- Jedna polévková lžíce nasekaného zázvoru
- Jedna polévková lžíce ústřicové omáčky
- Jedna polévková lžíce světlé sójové omáčky

INSTRUKCE:

a) Vezměte velkou pánev.
b) Do pánve přidejte nakrájený zázvor.
c) Do pánve přidejte rýžové víno.
d) Směs dobře vařte asi deset minut, dokud se neopečou.
e) Do pánve přidejte rybí omáčku, tmavou sójovou omáčku, ústřicovou omáčku, světlou sójovou omáčku, černý pepř a sůl.
f) Ingredience dobře vařte asi patnáct minut.
g) Když je hotovo, dejte jídlo.
h) Do pánve přidejte cukr a nechte ho rozpustit.
i) Přidejte vařené kuřecí kousky a dobře promíchejte.
j) Vařte pět minut.
k) Přidejte rýži do dvou misek.
l) Navrch přidáme uvařenou směs.
m) Navrch přidáme karamelizované kuře.
n) Vaše jídlo je připraveno k podávání.

THAJSKÉ KOMFORTNÍ JÍDLO

84.Thajské Arašídy Kokos Květák Cizrna kari

SLOŽENÍ:
- Kokosový olej: ½ polévkové lžíce
- Stroužky česneku: 3, mleté
- Čerstvý zázvor: 1 polévková lžíce, nastrouhaný
- Velká mrkev: 1, nakrájená na tenké plátky
- Květák: 1 malá hlavička (3-4 šálky)
- Zelená cibule: 1 svazek, nakrájená na kostičky
- Kokosové mléko: 1 plechovka (lite) (15 uncí)
- Vegetariánský vývar nebo voda: 1-třetina šálku
- Červená kari pasta: 2 polévkové lžíce
- Arašídové máslo (nebo kešu máslo): 2 polévkové lžíce
- Bezlepková sójová omáčka nebo kokosové aminokyseliny: ½ polévkové lžíce
- Mletá kurkuma: ½ lžičky
- mletý červený kajenský pepř: ½ lžičky
- Sůl: ½ lžičky
- Červená paprika: 1 (julienned)
- Cizrna: 1 plechovka (15 uncí) (propláchnutá a okapaná)
- Mražený hrášek: ½ šálku
- Na ozdobu:
- Čerstvý koriandr
- Zelená cibule
- Arašídy nebo kešu, nasekané

INSTRUKCE:
a) Zahřejte velký hrnec. Vařte kokosový olej, česnek a zázvor po dobu 30 sekund, než přidáte zelenou cibulku, mrkev a růžičky květáku.
b) Poté smíchejte kokosové mléko, sójovou omáčku/kokosové aminokyseliny, vodu, kurkumu, arašídové máslo, červený kajenský pepř, kari pastu a sůl.
c) Poté přidejte papriku a cizrnu a vařte 10 minut.
d) Vmícháme mražený hrášek a ještě minutu povaříme.
e) Na ozdobu přidejte nasekané arašídy/kešu, zelenou cibulku a koriandr.

85.Smažené cukety a vejce

SLOŽENÍ:
- Cuketa: 1, oloupaná a nakrájená na kostičky
- Vejce: 2
- Voda: 2 polévkové lžíce
- Sojová omáčka: 1 polévková lžíce
- Ústřicová omáčka: ½ polévkové lžíce
- Jemně nakrájený česnek: 2 stroužky
- Cukr: ½ polévkové lžíce

INSTRUKCE:
a) Ve woku rozehřejte na vysokou teplotu 2 lžíce oleje na vaření.
b) Přidejte nasekané stroužky česneku a opékejte asi 15 sekund.
c) Přidejte 1 oloupanou a na kostičky nakrájenou cuketu a za stálého míchání opékejte 1 minutu s česnekem.
d) Přesuňte cukety na 1 stranu woku a rozklepněte 2 vejce na průhlednou stranu. Před smícháním s cuketami několik sekund míchaná vejce.
e) Ve woku smíchejte ½ lžíce cukru, 1 lžíci sójové omáčky, ½ lžíce ústřicové omáčky a 2 lžíce vody.
f) Za stálého míchání opékejte další 2 až 3 minuty, nebo dokud cukety nezměknou a neabsorbují chuť omáčky. Poté podávejte s částí dušené rýže.

86. Veggie Pad Thai

SLOŽENÍ:
PRO PAD THAI:
- Široké rýžové nudle: 200 gramů (7 oz)
- Arašídový olej: 2 polévkové lžíce
- Jarní cibulky: 2 nakrájené na plátky
- Stroužky česneku: 1-2 (jemně nakrájené)
- Pálivé červené chilli: 1 (jemně nakrájené)
- Malá brokolice: ½ (nakrájená na růžičky)
- Červená paprika: 1 (jemně nakrájená)
- Mrkev: 2 (nastrouhané rychloškrabkou na proužky)
- Pražené a nesolené arašídy: ¼ šálku (30 gramů, drcené)
- Čerstvý koriandr: 1 hrst (na ozdobu)
- Limetka: 1 k podávání

NA OMÁČKU:
- Sojová omáčka bez lepku: 5 polévkových lžic
- Javorový sirup: 2-3 polévkové lžíce (podle chuti)

INSTRUKCE:
a) Uvařte rýžové nudle, sceďte, poté promíchejte s trochou oleje, aby se neslepily, a dejte stranou.
b) V pánvi rozehřejte 1 lžíci oleje.
c) Přidejte jarní cibulku, česnek a chilli a dále míchejte, dokud nezavoní.
d) Umístěte do samostatné servírovací mísy.
e) Ve stejné pánvi/woku rozehřejte další lžíci oleje a za stálého míchání opékejte brokolici asi 2 minuty.
f) Vmíchejte stuhy červené papriky a mrkve, dokud nebudou uvařené, ale stále křupavé.
g) Veškerou zeleninu dejte do samostatné misky.
h) V malém šálku smíchejte všechny ingredience omáčky a nalijte omáčku na dno wok/pánví.
i) Přidejte nudle a promíchejte je s omáčkou. Vmícháme jarní cibulku, chilli, česnek a restovanou zeleninu a necháme minutu až 2 prohřát.
j) Podávejte na talířích s drcenými arašídy, čerstvým koriandrem a limetkovou šťávou, pokud chcete.

87. Šťouchané brambory s Chile v thajském stylu

SLOŽENÍ:
- Olivový olej: 4 polévkové lžíce
- Malé nové nebo yukonské zlaté brambory: 2 libry košer soli
- Rybí omáčka: 2 polévkové lžíce
- Limetková šťáva: 2 polévkové lžíce
- Rýžový ocet: 2 polévkové lžíce
- Mleté Fresno nebo serrano chile: 1 polévková lžíce nebo červené-
- pepřové vločky: ½ lžičky (plus více podle chuti)
- Sojová omáčka nebo tamari: 1 lžička
- Granulovaný cukr: 1 lžička
- Stroužek česneku: 1, strouhaný
- Nahrubo nasekaný čerstvý koriandr: ¼ šálku
- Na tenké plátky nakrájená jarní cibulka: ¼ šálku (bílá a zelená část)

INSTRUKCE:
a) Předehřejte troubu na 450 stupňů Fahrenheita.
b) Plech potřeme po celém povrchu 1 lžící olivového oleje.
c) Brambory uvařte s 1 palcem a 2 lžícemi soli v obrovském hrnci.
d) Pokračujte ve vaření, odkryté, 15 až 18 minut, nebo dokud nejsou brambory měkké. Uvařené brambory scedíme v cedníku.
e) Mezitím smíchejte rybí omáčku, sójovou omáčku, limetkovou šťávu, chilli, rýžový ocet, cukr a česnek v malém šálku, poté přidejte jarní cibulku a koriandr.
f) Brambory dejte na připravený plech.
g) Jemně rozdrťte každou bramboru dnem odměrky, dokud nebude tlustá asi ½ palce. Brambory pokapejte zbývajícími 3 lžícemi olivového oleje a otočte, aby se obě strany rovnoměrně obalily.
h) Po ochucení ½ lžičky soli opékejte 30 až 40 minut do zlatohnědé a křupavé.
i) Brambory dejte na servírovací talíř, lehce osolte a přelijte omáčkou. Ihned podáváme, ozdobené lístky koriandru.

88. Spaghetti Squash Pad Thai

SLOŽENÍ:
NA OMÁČKU:
- Tamari/sójová omáčka: 3 polévkové lžíce
- Sladká chilli omáčka: 3 polévkové lžíce
- Rýžový vinný ocet: 1 polévková lžíce

PRO PAD THAI:
- Špagetová dýně: 1 střední
- Extra panenský olivový olej: (na pokapání)
- Mořská sůl: (na dochucení)
- Pražený arašídový olej: 2 polévkové lžíce
- Extra tuhé tofu: 14 uncí (odkapané, lisované a nakrájené na kostky)
- Kukuřičný škrob: 2 polévkové lžíce
- Brokolice: 1 malá hlavička (pouze růžičky a nakrájená)
- Jarní cibulka: 5, nakrájená na plátky
- Stroužky česneku: 3 střední, mleté
- Fazolové klíčky: 1 vrchovatý šálek

K PODÁVÁNÍ:
- Sriracha
- Pražené arašídy: (drcené)
- Limetkové klínky
- Čerstvý koriandr, nasekaný

INSTRUKCE:
a) Předehřejte troubu na 400 stupňů Fahrenheita.
b) Ze špagetové dýně vyškrábněte semínka tak, že ji podélně rozkrojíte na ½. Pokapeme olivovým olejem, dochutíme solí a položíme řezem nahoru na plech.
c) Pečte 1 hodinu nebo do změknutí vidličky. Slijte veškerou zbývající tekutinu a špagetovou dýni seškrábejte vidličkou na vlákna. Dejte to stranou.
d) Mezitím vytvořte omáčku: V malé míse smíchejte všechny ingredience a promíchejte, aby se spojily. Dát stranou.
e) Na středním plameni rozehřejte velkou pánev. Tofu vhoďte do mísy s kukuřičným škrobem. Tofu opečte na pánvi s arašídovým olejem dozlatova.
f) Přidejte brokolici a vařte 3 minuty.
g) Ve velké míse smíchejte fazolové klíčky, jarní cibulku, špagetovou dýni a česnek.
h) Vmíchejte omáčku, aby byly nudle rovnoměrně pokryty.
i) Podávejte s plátky limetky, arašídy, srirachou a koriandrem na boku.

89. Dušené knedlíky s houbami Shiitake

SLOŽENÍ:
- Obaly na knedlíky: 1 balení (kulaté a mražené)
- Banánový list: 1

K NÁPLNĚ:
- Shitake houby: 3 šálky (čerstvé a nakrájené na plátky)
- Tofu: 1 šálek (na kostky, středně tuhé)
- Galangal: 1-2 palcový kousek (nebo nakrájený zázvor)
- Česnek: 3-4 stroužky
- Jarní cibulky: 2 nakrájené na plátky
- Koriandr: ½ šálku (listy a stonky) (čerstvé a nasekané)
- Bílý pepř: ¼ lžičky
- Sojová omáčka: 3 polévkové lžíce
- Sezamový olej: 2 polévkové lžíce
- Chilli omáčka: 1 lžička (nebo více, pokud je chcete pikantní)
- Vegetariánský kuřecí vývar/zeleninový vývar: ¼ šálku

NA KNEDLÍKY:
- Kukuřičný škrob/mouka: 1-2 polévkové lžíce
- Sojová omáčka: na ozdobu

INSTRUKCE:
a) Nechte banánový list alespoň 30 minut rozmrazit.
b) Parní hrnec vyložte 1 nebo 2 vrstvami banánových listů.
c) V kuchyňském robotu smíchejte všechny ingredience na náplň a zpracujte, dokud nebudou velmi jemně nasekané, ale ne pasta.
d) Na čistou pracovní plochu položte 6 knedlíkových obalů najednou. Připravte si malou misku s vodou i na utěsnění knedlíků.
e) Do středu každého obalu dejte 1 lžičku náplně.
f) Poté navlhčete vnější stranu obalu prsty (nebo cukrářským štětcem) namočenými ve vodě.
g) Chcete-li obal uzavřít, přesuňte strany nahoru přes náplň a přitiskněte k sobě. Chcete-li vytvořit ozdobný okraj, štípněte podél švu.
h) Knedlíky ihned uvařte v páře nebo přikryjte a nechte chladit až 3 hodiny.
i) Knedlíky uvařte v páře, vložte je do parního hrnce s banánovým listem (mohou se dotýkat) a vařte v páře 15 až 20 minut, dokud se houby neprovaří.
j) Před podáváním promíchejte sójovou omáčkou a chilli omáčkou.

90.Thajské tofu satay

SLOŽENÍ:
SATAY
- Pevné tofu: 14 oz (zmrazené a rozmražené)
- Plnotučné kokosové mléko: ¼ šálku
- Stroužky česneku: 3, mleté
- Zázvor: 2 lžičky, strouhaný
- Kari pasta: 1 polévková lžíce
- Javorový sirup: 1 polévková lžíce
- Sojová omáčka s nízkým obsahem sodíku: 2 polévkové lžíce
- Bambusové špízy: deset
- Koriandr: podle chuti
- Limetka: podle chuti
- Arašídy: na ozdobu nasekané

ARAŠÍDOVÁ OMÁČKA
- Krémové arašídové máslo: ¼ šálku
- Teplá voda: 2 polévkové lžíce
- Kari pasta: 1 polévková lžíce
- Javorový sirup: 1 polévková lžíce
- Sojová omáčka: ½ polévkové lžíce
- Rýžový ocet: ½ polévkové lžíce
- Limetková šťáva: 1 polévková lžíce
- Česnek: ½ lžičky, mletý
- Sezamový olej: ½ lžičky
- Sriracha: ½ polévkové lžíce

INSTRUKCE:

a) V míse smíchejte ingredience na marinádu , poté přidejte rozmražené tofu a jemně promíchejte, aby pokrylo všechny kousky.
b) Předehřejte troubu na 400 stupňů Fahrenheita. Marinované tofu natrháme na malé kousky a napíchneme na špejle.
c) Pečte 30–35 minut na plechu vyloženém pečicím papírem a otočte do poloviny.
d) Nakonec zapněte brojler na 4-5 minut, aby špejle byly křupavé a narostly spálené okraje (nespalujte!).
e) V malém hrnku rozšlehejte všechny ingredience na arašídovou omáčku do hladka.
f) Podávejte satay zalité omáčkou a ozdobené mletým koriandrem a arašídy.

91. Thajské restované nudle se zeleninou

SLOŽENÍ:
- Pšeničné nudle na čínský způsob: 5-8 uncí (nebo vaječné nudle)
- Rostlinný olej: 2-3 lžíce (na smažení)
- Stroužky česneku: 4, mleté
- Galangal/zázvor: 2-3 lžíce, nastrouhaný
- Šalotka/fialová cibule: ¼ šálku, nakrájená
- Mrkev: 1, nakrájená
- Houby Shiitake: 5-8, nakrájené na plátky
- Brokolice: 1 malá hlavička (nakrájená na růžičky)
- Červená paprika: 1 malá, nakrájená na plátky
- Fazolové klíčky: 2 šálky
- Obloha: čerstvý koriandr/bazalka
- Smažená omáčka:
- Čerstvá limetová šťáva: 3 polévkové lžíce (nebo více podle chuti)
- Sojová omáčka: 3 polévkové lžíce (nebo více podle chuti)
- Rybí omáčka: 1 polévková lžíce (nebo více podle chuti)
- Rýžový ocet: 3 polévkové lžíce (nebo bílý vinný ocet)
- Ústřicová omáčka: 3 polévkové lžíce
- Lžičky cukru: 1 a ½-2 lžičky (nebo více podle chuti)
- Bílý pepř: ¼ polévkové lžíce
- Sušené drcené chilli: ½ - ¾ lžičky (nebo více podle chuti)

INSTRUKCE:
a) Nudle uvaříme al dente v lehce osolené vodě, scedíme a propláchneme studenou vodou.
b) V hrnečku smíchejte všechny ingredience na restovanou omáčku a dobře promíchejte, aby se cukr rozpustil. Dát stranou.
c) Na středně vysokém ohni rozehřejte wok nebo velkou pánev.
d) Na oleji orestujte 1 minutu česnek, šalotku a zázvor.
e) Přidejte mrkev a 1 až 2 polévkové lžíce omáčky, kterou jste uvařili dříve.
f) Za stálého míchání smažte, dokud mrkev mírně nezměkne.
g) Přidejte 3 až 4 lžičky restované omáčky plus červenou papriku, brokolici a houby.

h) Pokračujte v restování, dokud houby a červená paprika nezměknou a brokolice nezměkne, ale bude jasně zelená, ale stále křupavá.
i) Smíchejte nudle a zbývající restovanou omáčku ve velké míse.
j) Na poslední minutu vaření vmíchejte fazolové klíčky.
k) Ihned podávejte v miskách nebo talířích s čerstvým koriandrem nebo bazalkou posypanou nahoře.

92. Thajské rýžové nudle s bazalkou

SLOŽENÍ:
- Thajské rýžové nudle: 6-deset uncí
- Rostlinný olej: 2 polévkové lžíce (na smažení)

K NÁPLNĚ:
- 1 hrst bazalky: na ozdobu, čerstvá
- 1 hrst kešu: na ozdobu (nasekané/mleté)

NA BAZALKOVOU OMÁČKU:
- Bazalka: ½ šálku, čerstvá
- Suché kešu: ⅓ šálku (suché pražené a nesolené)
- Stroužky česneku: 3-4
- Kokosový/olivový olej: 4 polévkové lžíce
- Limetková šťáva: 1 polévková lžíce (čerstvě vymačkaná)
- Rybí omáčka/sójová omáčka pro vegetariány: 1 polévková lžíce
- 1 chilli: volitelné

INSTRUKCE:
a) V hrnci přiveďte k varu vodu, stáhněte ji z plotny a přidejte nudle.
b) Až budete dělat omáčku, namočte nudle.
c) Nudle by se pak měly scedit a propláchnout studenou vodou, aby se neslepily.
d) V minisekáči smíchejte všechny ingredience na bazalkovou omáčku a vše nasajte.
e) Na středně vysokém ohni nalijte do velké pánve olej a před přidáním nudlí jej prošlehejte.
f) Přidejte 2 polévkové lžíce omáčky nebo dokud nedosáhnete požadované měkkosti.
g) Odstraňte pánev z ohně. Přidejte zbývající omáčku, aby se rovnoměrně rozptýlila.
h) Podáváme s posypem čerstvé bazalky a nasekanými nebo mletými kešu oříšky.

93. Ananasová smažená rýže

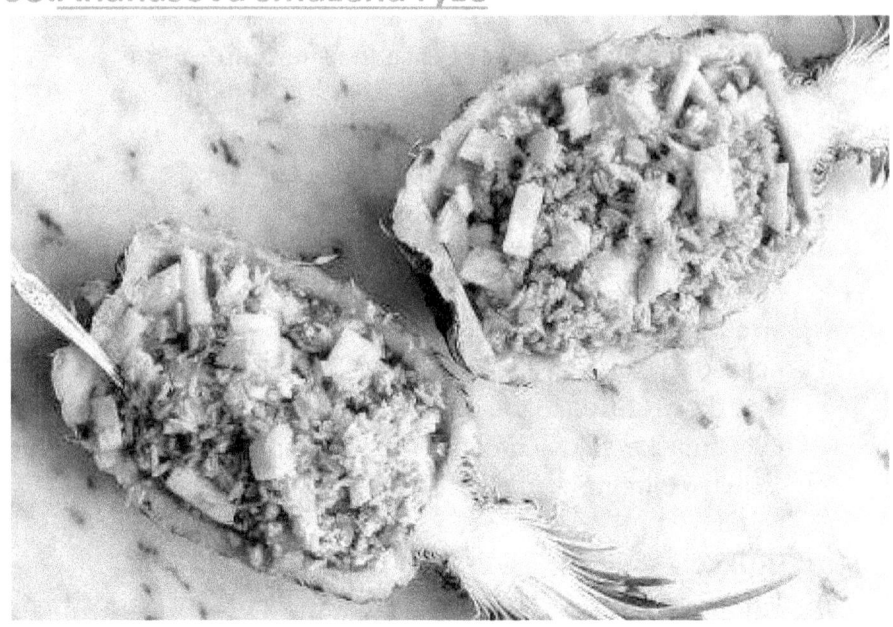

SLOŽENÍ:
- Kousky ananasu: 1 malá plechovka, scezené/čerstvé kousky ananasu: 1 a ½ šálku
- Vařená rýže: 3-4 šálky (raději několik dní stará)
- Zeleninový/umělý kuřecí vývar: ¼ šálku
- šalotka: 2 (jemně nakrájené)
- Stroužky česneku: 3 (jemně nasekané)
- Červené nebo zelené chilli: 1, nakrájené na tenké plátky
- Mražený hrášek: ½ šálku
- Mrkev: 1 malá, nastrouhaná
- Rybíz/rozinky: ¼ šálku
- Nesolené celé kešu ořechy: ½ šálku (pražené)
- Cibule: 3 (jemně nakrájené)
- Koriandr: ⅓ šálku, čerstvý
- Smažená omáčka:
- Sojová omáčka: 3 polévkové lžíce
- Kari: 2 lžičky
- Cukr: ½ lžičky

INSTRUKCE:
a) Přidejte 1 lžíci oleje k rýži, konečky prstů rozbijte případné hrudky a dejte stranou.
b) Smíchejte sójovou omáčku a kari v šálku a promíchejte, aby se spojily.
c) Ve woku/velké pánvi na středně vysokém ohni pokapejte 1–2 lžícemi oleje.
d) Vmíchejte chilli, česnek a šalotku, dokud nebudou voňavé, asi 1 minutu.
e) Vmícháme hrášek a mrkev.
f) Smíchejte kousky ananasu, rýži, rybíz, hrášek a kešu v míse.
g) Navrch pokapejte směs rybí/sójové omáčky s kari a za stálého míchání opékejte 5 až 8 minut.
h) Vypněte hořák. Ochutnejte a upravte chutě.
i) Předpokládejme, že sloužíte na večírku do vykrajovaného ananasu). Podávejte s koriandrem a jarní cibulkou a UŽÍVEJTE SI!

94. Thajská kokosová rýže

SLOŽENÍ:
- Kokosový olej/rostlinný olej: ½ lžičky
- Thajská jasmínová bílá rýže: 2 šálky (dobře opláchnuté)
- Kokosové mléko: 2 šálky (konzerva)
- Sůl: ½ lžičky
- Šálky vody: 1 ¾ šálku

INSTRUKCE:
a) V hlubokém hrnci rozetřete olej po celém okraji.
b) Ve velkém hrnci smíchejte rýži, sůl, kokosové mléko a vodu.
c) Přestaňte míchat, dokud tekutina nezačne jemně probublávat.
d) Pevně přikryjte pokličkou a vařte, dokud rýže nevsákne většinu tekutiny.
e) Vytáhněte rýži vidličkou stranou, abyste viděli, zda je uvařená.
f) Pokud ještě zbývá hodně tekutiny, vařte v páře o několik minut déle. Vypněte ohřev, když je kapalina g1.
g) Nechte zakrytý hrnec na horkém hořáku dalších 5 až 10 minut, nebo dokud nebudete připraveni k jídlu, s vypnutým ohřevem.
h) Ochutnejte sůl a v případě potřeby přidejte ještě špetku. Zkombinujte rýži se svými oblíbenými jídly a vytvořte lahodné jídlo.

95. Thajská žlutá rýže

SLOŽENÍ:

- Rostlinný olej: 2 polévkové lžíce
- Cibule: ¼ šálku (jemně nakrájená)
- Stroužky česneku: 3, mleté
- Chilli vločky: ⅛-¼ lžičky (nebo kajenský pepř)
- Červená paprika: ¼ šálku, nakrájená na kostičky
- Romské rajče: 1, nakrájené na kostičky
- Bílá thajská jasmínová rýže: 2 šálky (bílá basmati rýže, nevařená)
- Kuřecí vývar: 4 šálky
- Limetka: 1, odšťavněná
- Rybí omáčka: 2 polévkové lžíce (nebo sójová omáčka)
- Kurkuma: ½ lžičky
- Šafrán: ⅓-¼ lžičky
- Mražený hrášek: ¼ šálku
- Sůl: podle chuti
- Čerstvá bazalka: hrst, na ozdobu

INSTRUKCE:

a) Předehřejte velký hrnec na vysokou teplotu.
b) Nalijte olej a pořádně promíchejte.
c) Poté přidejte chilli, cibuli a česnek.
d) Poté přidejte rajčata a červenou papriku.
e) Vmíchejte rýži, aby se rovnoměrně obalila.
f) Poté přidejte vývar a zvyšte teplotu na vysokou.
g) Smíchejte rybí omáčku, šafrán (pokud používáte), kurkumu a limetkovou šťávu ve velké míse. Vše důkladně promíchejte.
h) Nechte 15 až 20 minut, aby se rýže uvařila.
i) Odstraňte víko a přiklopte hrášek, rýži přitom jemně promíchejte.
j) Nasaďte víko a nechte rýži uležet alespoň 10 minut.
k) Odstraňte kryt z rýže a načechrejte vidličkou nebo hůlkami. Ochutnejte a případně dochuťte špetkou soli.
l) Ozdobte snítkou čerstvé bazalky.

96.Smažený lilek

SLOŽENÍ:
NA OMÁČKU
- Sojová omáčka: 1 a ½ polévkové lžíce
- Vegetariánská ústřicová omáčka: 2 polévkové lžíce
- Hnědý cukr: 1 lžička
- Kukuřičný škrob: 1 lžička
- Voda: 2 polévkové lžíce

PRO LILKÁN
- Olej: 2-3 lžíce (na smažení)
- Cibule: ½ (raději fialovou cibuli)
- Stroužky česneku: 6 (mleté, dělené)
- Červené chilli: 1-3
- Čínský japonský lilek: 1 velký/2 tenčí
- Voda: ¼ šálku (na smažení)
- Sojová omáčka: 2 polévkové lžíce
- Čerstvá bazalka: ½ šálku (rozdělená)
- Arašídy/kešu: ¼ šálku (nasucho opražené, nasekané)

INSTRUKCE:

a) Smíchejte všechny ingredience omáčky, kromě kukuřičného škrobu a vody, v míse.
b) V samostatném šálku nebo misce smíchejte kukuřičný škrob a vodu. Dát stranou.
c) Lilek nakrájíme na drobné kostičky.
d) Na středně vysokém ohni přidejte 2 až 3 lžíce oleje do woku nebo velké pánve. Poté přidejte ½ česneku, cibuli, chilli a lilek do mixovací nádoby.
e) Přidejte 2 lžíce sójové omáčky a pokračujte ve smažení, dokud lilek nezměkne a bílá dužina téměř průsvitná.
f) Přidejte zbytek česneku a omáčku, dokud lilek nezměkne.
g) Nyní přidejte směs kukuřičného škrobu a vody. Neustále mícháme, aby omáčka rovnoměrně zhoustla. Odstraňte pánev z ohně.
h) Pokud pokrm není dostatečně slaný, přidejte sójovou omáčku nebo citronovou/limetkovou šťávu, pokud je příliš slaná.
i) Přidejte 3/4 čerstvé bazalky a krátce promíchejte, aby se spojily.
j) Umístěte na servírovací talíř a přidejte zbývající bazalku a nasekané ořechy, pokud chcete.

97. Thajská restovaná zelenina

SLOŽENÍ:
- Čínská brokolice: 1 svazek
- Ústřicová omáčka: 3 polévkové lžíce
- Voda: 2 polévkové lžíce
- Sojová omáčka: 1 lžička
- Cukr: 1 lžička
- Olej: 1 polévková lžíce
- Stroužky česneku: 3, mleté

INSTRUKCE:
a) Brokolici důkladně propláchneme a setřeseme z ní přebytečnou vodu.
b) Odložte stonky, které by měly být nakrájeny na 1-palcové kousky.
c) Listy nakrájejte na malé kousky.
d) Smíchejte ústřicovou omáčku, sójovou omáčku, vodu a cukr v malém šálku.
e) Na vysokém plameni rozpalte wok nebo velkou pánev. Kolem protřepejte olej.
f) Několik sekund vmíchejte česnek.
g) Vhoďte stonky a listy spolu s omáčkou.
h) Zeleninu často míchejte a prohazujte, dokud listy nezvadnou a stonky nezměknou.

98. Thajský restovaný špenát s česnekem a arašídy

SLOŽENÍ:
- Čerstvý špenát: 1 velký svazek
- Stroužky česneku: 4 (jemně nakrájené)
- Červené chilli: 1
- Zeleninový vývar: ¼ šálku
- Vegetariánská ústřicová omáčka/stir-fry omáčka: 2 polévkové lžíce
- Sojová omáčka: 1 a ½ polévkové lžíce
- Sherry: 1 polévková lžíce
- Hnědý cukr: 1 lžička
- Sezamový olej: 1 lžička
- Červená paprika: ½ (volitelně, nakrájená na tenké plátky)
- Arašídy nebo kešu: ¼ šálku (nahrubo nasekané, na polevu)
- Rostlinný olej: 2 polévkové lžíce

INSTRUKCE:
a) Smíchejte vývar, sherry, ústřicovou omáčku, hnědý cukr a sójovou omáčku v šálku. Dát stranou.
b) Špenát po propláchnutí sceďte.
c) Na středně vysokém ohni rozehřejte wok nebo velkou pánev.
d) Vmíchejte 1 až 2 lžíce rostlinného oleje, poté přidejte česnek a chilli (pokud používáte).
e) Přidejte vločky červené papriky (pokud používáte).
f) Několik sekund vmíchejte špenát.
g) Omáčku míchejte, dokud se špenát nerozvaří do tmavě zelené barvy.
h) Sundejte z ohně a ochutnejte, aby se chutě upravily.
i) Navrch pokapeme sezamovým olejem a posypeme nasekanými ořechy.

99. Thajské sójové boby v kapustových pohároch

SLOŽENÍ:

- Sójové boby: 1 šálek
- Cibule: ¾ šálku, nakrájené
- Česnek: 2 lžičky, nasekaný
- Zelené chilli: 2 lžičky (nakrájené)
- Rajčatová omáčka: 2 polévkové lžíce
- Koriandr: 3 polévkové lžíce (nasekané)
- Sojová omáčka: 2 a ½ polévkové lžíce
- Thajská červená kari pasta: 1 polévková lžíce
- Fazolové klíčky: ½ šálku
- Arašídy: volitelné
- Citron: ¾ šťávy
- Jarní cibulka: dle libosti
- Koriandr: nasekaný
- Chilli vločky: dle přání

INSTRUKCE:

a) Sójové boby namočte alespoň na ½ hodiny do vody. 3-4krát promyté.
b) Nyní je zmáčkněte, abyste odstranili veškerou vodu.
c) Ve woku rozehřejte 1 lžíci oleje.
d) Na pánvi opečte nakrájenou cibuli.
e) Vložte nasekaný česnek a zelené chilli,
f) Přidejte sójové boby. Vařte, dokud se voda neodpaří.
g) Přidejte rajčatovou omáčku, thajskou červenou kari pastu a sójovou omáčku.
h) Přidejte špetku černého pepře a pokračujte ve vaření. Nyní přidejte jarní cibulku a vařte, dokud nebudou křupavé.
i) Vhoďte jarní cibulku, koriandr, chilli vločky a hrst opečených arašídů.
j) Vymačkejte citronovou šťávu a ochuťte solí.
k) Podávejte s malými šálky zelí jako ozdobu.

100. Thajské pečené sladké brambory a Ube

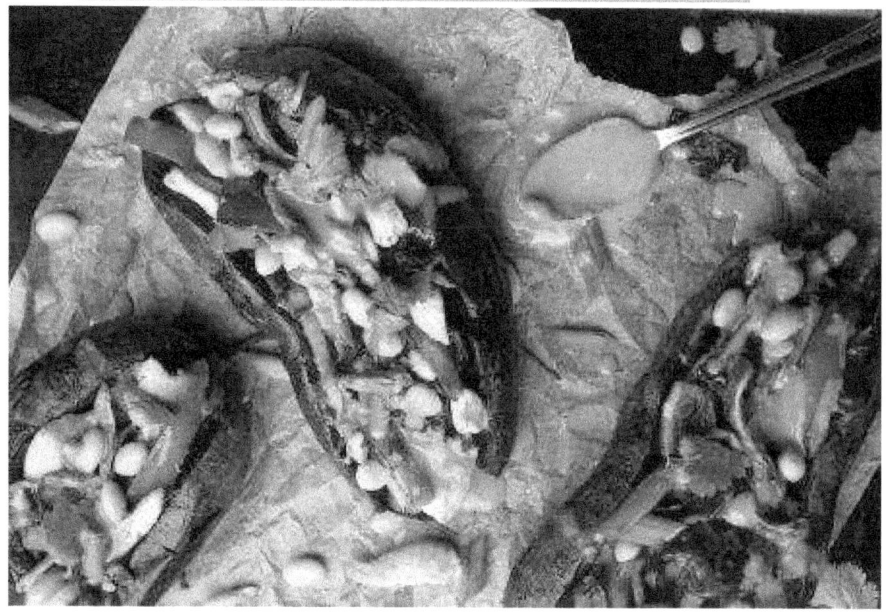

SLOŽENÍ:
- Batáty: 2 (oloupané a nakrájené na kostky)
- Yamy: 3-4 (fialové, loupané a kostky)
- Velká mrkev: 1 (nakrájená/nakrájená na plátky)
- Kokosový olej/rostlinný olej: 3 polévkové lžíce
- Kajenský pepř: ½ lžičky
- Kmín: ¼ lžičky
- Kmínová semínka: 1 lžička (celá)
- Sirup: 2 polévkové lžíce (hnědá rýže/javorový sirup)
- Sůl: podle chuti
- Černý pepř: podle chuti
- Koriandr: 1 hrst (čerstvě nasekaný)
- Červené chilli: 1 nakrájená (volitelně, na ozdobu)

INSTRUKCE:
a) Předehřejte troubu na 350 stupňů Fahrenheita.
b) V ploché pánvi smíchejte nakrájenou zeleninu.
c) Na oleji přisypte kmín, kajenský pepř a mletý kmín.
d) Pro smíchání vše důkladně promíchejte.
e) Po přidání 3 polévkových lžic vody vložte misku do trouby na 45 minut.
f) Vyjměte zeleninu z trouby, když je měkká. Přidejte máslo (pokud používáte) a pokapejte sirupem a nechte je v pekáčku.
g) Dochutíme solí a pepřem a promícháme.
h) Ochutnejte a případně dosolte.
i) Ozdobte koriandrem a chilli (pokud používáte).

ZÁVĚR

Doufáme, že na konci našeho potěšujícího putování po „Průvodci základním asijským pohodlným jídlem" jste zažili chutě uspokojující duši a kulturní bohatství asijské komfortní kuchyně. Každý recept na těchto stránkách je oslavou uklidňujících chutí, technik a vlivů, které dělají z asijských pohodlných jídel zdroj radosti a nostalgie – svědectví o hřejivých požitcích, které přinášejí útěchu duši.

Ať už jste si užili bohatost nudlových polévek, přijali jste jednoduchost rýžových pokrmů nebo jste si dopřáli sladkost dezertů inspirovaných Asií, věříme, že tyto recepty podnítily vaše uznání pro rozmanité a hluboce uspokojující chutě asijské komfortní kuchyně. Kromě ingrediencí a technik se může „ZÁKLADNÍ PRŮVODCE POHODLNÝM ASIJSKÝM POTRAVINÁM" stát zdrojem inspirace, spojením s kulturními tradicemi a oslavou radosti, která přichází s každým uklidňujícím soustem.

Až budete pokračovat v objevování světa asijské komfortní kuchyně, kéž je tento průvodce vaším důvěryhodným společníkem, který vás provede řadou receptů, které předvedou teplo, bohatost a duši uspokojující povahu těchto oblíbených jídel. Zde si můžete vychutnat pohodlí asijských chutí, znovu vytvořit srdečná jídla a přijmout radost, která přichází s každým soustem. Veselé vaření!

www.ingramcontent.com/pod-product-compliance
Lightning Source LLC
LaVergne TN
LVHW021706060526
838200LV00050B/2524